# 先生とはなにか

## 京都大学師弟物語

高橋哲雄
*Takahashi Tetsuo*

ミネルヴァ書房

# 先生とはなにか――京都大学師弟物語　目次

装幀　毛利一枝

# 序章　先生とはなにか

「先生」、「せんせい」、そして「センセイ」

先生とはなにか。どんな人をいうか。

えらい先生とか、りっぱな先生とかはどういう人か。「えらい」とか「りっぱ」とかは先生に必要な条件なのだろうか。えらくなければ先生ではないのだろうか。

「先生」と「せんせい」、「センセイ」はちがうのだろうか。夏目漱石『こころ』の「先生」と森昌子の歌う「せんせい」、川上弘美『センセイの鞄』の「センセイ」は同じものなのだろうか。そういえば「sensei」というのもある。柔道や空手の教師のことを海外でそういうと聞く。

言葉やコンセプトで悩むと、私はとりあえずそれに当たる言葉を英語で探してみるのだが、英語では「先生」はどういうか。teacher でいいのだろうか。

『こころ』の先生はたぶん mentor であろう。耳慣れない言葉かもしれない。ホメロスの『オデュッセイア』で英雄オデュッセウスが漂泊に出立つさい、息子テレマコスの教育を託した親友メントルの名前からとられていて、日本語に直せば「導師」とでもすればいいだろうか。作品の題名をとって「こころの師」としてもいいか。学校に勤めをもっていないから school teacher ではない。市井の人にすぎないから、その道を極めたえらい人である master でもあるまい。

では森昌子の「せんせい」はどう訳せばいいのだろう。あのナイーヴな思慕の対象は？

川上弘美の「センセイ」は？

川上の「センセイ」は、ヒロインの三十代の女性にとって高校の元教師である。初め「先生」だったのが、親しくなるにつれて「せんせい」になり、最後に師弟という社会的規範を超えた男女の仲になったところで「センセイ」になったようだが、さてさてこれらはどう訳し分けたものか。

これから私は縁のあった大学——主に京都大学——でめぐりあった幾人かのえらい先生や必ずしもえらくない先生、ときには困った先生と困った私の昔話を、できれば今に生きる物語として語ることになる。主役は京大経済学部でのゼミナールの先生だった大野英二という人である。大野のほかにも幾人かの先生に登場願う。

私は引退した七十八歳の元経済学者である。「師弟」をめぐる記憶は第二次大戦後間もない六十年前に遡る。古い過去をよみがえらせようと格闘を繰り返しているうちに、たとえば右に挙げた、わかりきったように思っていたことが、私のなかで十分整理されていないことに気づいた。そしてそれを自分に納得のゆくものにしようとするうちに、こんどは大学の先生だけを観察対象にしたのでは不十分だと思えてきた。

多種多様な先生像のそれぞれの、いわば原型を突き止めようとすると、私のばあい、中学時代に遡らねばならない。よくもわるくも、これが先生だというういわば原像に出会ったのは中学生のときだったからだ。どういう意味で彼らは先生であったかという問いがそこに始まる。

というわけで、この序章では私の「師弟関係前史」にひとまずはお付き合いねがいたい。ここで描くのは中学時代の先生たちの肖像である。残念ながら語るも情けない話から始まる。

## 二十四発の往復ビンタ

中学一年のとき、私は通っていた学校の教頭から二十四発の、身体が床に幾度もぶっ倒されるほどの猛烈な往復ビンタをくらった。

昭和十九年、太平洋戦争末期のことである。軍隊ではもちろん、家庭でも学校でも体罰は当たり前といえば当たり前の時代であった。国を挙げての「総力戦体制」のもとで、学校の軍隊化が進み、軍の内部で横行していた暴力が配属将校などをつうじて、学校にも浸透してきた。とくに中学校ではひどかった。

しかし、おおむね小心で「いい子」であった私は長い学校生活で、そのほかに一度も体罰を受けたことがない。せいぜいおでこを指ではじかれるか、立たされるぐらいで、あんなすさまじい暴力は、子供同士の喧嘩をふくめて、経験したことのない種類のものだった。

なぜそんな眼に遭ったのか。事の顚末は以下のとおりである。

私は神戸生まれ、市立の国民学校（小学校を当時はそう言った）を終えてわが家に近い旧制の県立中学校に入った。兵庫県立第一神戸中学校（神戸一中と略称）といい、全国的に知られた「名門校」であった（現在の神戸高校）。旧制高校への入学率も高かったが、当時は人気の高い陸軍士官学校や海軍兵学校といった軍の幹部養成学校への進学も盛んになっていて、とくに兵学校は目立った存在だった。入りたての先輩がピカピカの制服に身を固めた姿で、授業時間をつぶして講演を行うこともあった。

ここで当時の学校制度にふれておかねばならない。

「国民学校」は年限が六年で今の小学校と同じ。義務教育である。中学校は義務教育でなく、ふつうかなりの倍率の選抜があり、とくに公立校がむつかしかった。私立は入りやすく、有名な灘中学（今の灘中高）も神戸一中の滑り止めであった。中学校の年限は五年であるが飛び級が認められていて、四年修了で高等学校や士官学校、兵学校を受けることができた（通称四修）。高等学校の入試が最大の難関で、教育史家竹内洋の試算によると昭和十年代に高校に入れるのは同年齢人口の一～二％であった。軍の学校の難易度がそれに次ぎ、官立の高等商業学校や高等工業学校などの専門学校がつづいた。年限はいずれも三年である。

それほどの難関であるから、いったん高等学校（以下旧制高校）に入学すると、大学（三年）へはほとんど無競争状態であった。東大の法学部やいくつかの医学部を除くと、七つの官立帝国大学でも無試験のところが多かった。空席を充たすため、専門学校からも受け入れられた。しかし、彼らは傍系と呼ばれ、旧制高校出身者と比べて教養が劣ると見下されることがあった。私立大学の地位は低く、おおむね官立専門学校以下と見られていた。社会人になってからの給与にもしばしば格差があった。

敗戦後学制が大幅に変わって、一九四九年に現在の制度になる。一九三一年生まれの私の場合でいえば、一九四八年、中学四年修了時に旧制度による高校受験の最後のチャンスがあり、それに合格しても、入って一年で制度切り替えがあり、新制大学を受験せねばならぬことになる。あとの話になるが、私は飛び級で旧制大阪高校に入ったけれど、一年後の新制大学の第一回の入試はしくじって、新制高校に切り替わった旧友たちと同じ翌年の第二回の入試で前年にトライした京都大学に入る。入ったのは文学部だが、一年後に経済学部に移る。ちなみに大高の同級から京大を受けた二十人余りのうち落ちたのは、重症の結核患者で間もなく亡くなった一人を除くと、故・開高健と私の二人だけであった。威張れた話ではないが、それ位高いハードルをすでに越えてきたわけだ。

わずらわしい説明になったが、これだけのことは言っておかないと、あとの話がわからなくなる。ビンタ事件に戻ろう。

「粗悪品集団」とわいせつ画騒ぎ

どういう理由からか、私の学年から中学校の入試制度改革があり、学区が小さくなったせいで倍率が一挙に下がった。また筆記試験のはずが、間際になって口頭試問に変更された。算数では四則応用の難問集をこなしてきたのに、簡単な暗算を訊かれただけで終わり、拍子抜けしたことを憶えている。

私の国民学校（男女各約百五十人）からは二十二人が一中を受けて二十一人が合格した。それまでは数人しか入れなかったのにである。当然難関校とは言いにくくなる。その「代償」としてわれわれは入学のその日から阿呆扱いされ、「神中の伝統」を汚しかねない粗悪品として、ことあるごとに教師や上級生の罵声や叱責の対象になった。

そうしたなかで事件は起こった。「粗悪品集団」である一年生の持ち物から「わいせつ画」が発見されたのである。

制作者はKといい、私と国民学校が同じで絵の才能があった。「質素剛健　自重自治」という一中の校是のもとでは「文弱派」に属し、のちに神戸大学の経済学部を出て商社に勤めたが、絵はずっとつづけ、素人離れした技量と、晩年には深みを感じさせる画境に入っていたように思う。昨年病没した。

Kがどういういきさつでそうした作品の制作にはげむようになったのかはわからない。彼と私は気の合った級友で、私も絵は得意なほうで、好んで漫画を描いていたことから、読んだ本の感想やたわいのない漫画を互いの生徒手帖に書き込む習慣があった。

ある日の授業中、彼がいつものように手帖をよこせと要求したので渡したら、男性器の漫画を描いて返してきた。写実的でない、かわいいのが二本、それぞれに「万年筆型ちんぽ」、「魚雷型ちんぽ」と説明が付いていた。私はそういう性にからんだふざけかた（関西でいう「いちびり」）は好きではなかったので、アホかと笑っただけでそのままにした。

ところが、ほどなく抜き打ちの所持品検査があり、生徒主任のXが回ってきた。私のところにくると、ほかの級友の場合とちがって他の所持品には眼もくれず（と私には思えた）真っ先に手帖に手を伸ばし、問題のページを開いてニヤニヤしながら「これ借りてゆくぜ」と取り上げた。あきらかに狙い撃ちであった。

やがてXから呼び出しがあり、誰が描いたかを訊かれ（すでに知っているふうであった）、おまえはその行為をいいと思ったのだなとただされた。そんなつもりはないと言うと、じゃあなぜ破り捨てなかったのかと問い詰められた。いいとは思わないが、破り捨てねばならぬほどのこととも思わなかったと答えると、何だ、その態度は、理屈を言うのかとどやされた。

社会全体の空気が軍隊式で、善か悪か、国民か非国民かといった二分法になっていて、どちらでもない第三の立場なんて軟弱なものが許される空気ではなかった。少なくも神戸一中はそうであった。がんばるとその態度だけでいっそう不利な立場に陥りかねないとあきらめて、そのとおりです、認めましたと折れた。

どうなるかと不安を感じていると、間もなく教頭から呼び出され、私とKともう一人が一列に並べられてなぐられた。「主犯」はKで、もう一人のやはり同じ国民学校出身のWが共犯、つまり絵の注文主で、私は、そこがよくわからぬのだが、「従犯」ということらしかった。

立会ったXが教頭に罪状説明したとき、チラと見えたが、問題の作品は女性器の解剖学的細密画でなかなかの力作。出来のみごとさに比例するかのように二人はポカスカなぐられた。教頭はテニスで鍛えているとかで、松の枝のような太い腕が伸びるたびに彼らはすっ飛んだ。私も彼らほどではなかったが、何度か床に倒れた。どうして私がビンタの数を憶えていたか、六十五年後のいまではそのときの気持ちを正確に思い出すことはできない。ただ、どうしてここまでやられねばならないのか、納得できなかったことはたしかだ。

あとでおよそのことがわかるが、「K工房」の噂がなにかでXの耳に入り、手入れがあってKとWがつかまったが、Xはそれでは満足せず、同じ学校出身でKと親しい私も工房仲間ではないかと当たりをつけて所持品検査をしたということのようだ。わが手帖にKが描いた漫画は、私が笑って放置したような取るに足らぬものではなく、Xや教頭にとっては、それを容認した私でさえ二十四発の往復ビンタを受けるに値する大きな戦果であったらしい。

生徒のほうが

「事件」の噂は同じ国民学校出身者のあいだに広まり、二年生の代表が事情聴取にわれわれを呼び出した。二人とものちに四修で三高に入った秀才たちだが、話を聴いておかしさをこらえるような複雑な表情で引き揚げた。

やがて五年生のTという、一中オーケストラの指揮者であり、わが国民学校出身者の輿望を担っていた大秀才から「ロンドン塔」への呼び出しがあった。この、校舎屋上に立つ塔屋は上級生の鉄拳制裁の場として知られており、ここに呼び出されたらただではすまないという不吉な伝説があった。しかし、Tはおびえるわれわれからおだやかに話を聴き取り、わかったと一言、鉄拳制裁はおろか、注意さえもなくわれわれを解放してくれた。ロンドン塔への呼び出しはセレモニーだったのだろう。さすが「自重自治」というだけあって上級生がしっかりしていたのがこの事件でのわずかな救いだったと、いまでは思う。

でも、なぐられただけでことはすむのだろうか、何らかの処分を受けるのではないかと、私は怯えていた。たまたまサトウハチローの中学時代を描いた自伝的少年小説を読んでいたものだから、放校処分になった彼の身にわが身を重ねていっそう陰々滅々たる気分になった――サトウの場合は不純異性交遊まであって状況はいささかちがうのだが、あんな納得のいかぬ行動に出た教師たちのことだからどんな不当に重い処分を課すか知れたものではないとこわかったのである。

親にはもちろん言えず、悶々たる思いのある日、路上でばったり小学校五～六年の担任だった小林冨男に出会った。二十歳代後半の頼りになる先生で、お宅にも幾度か遊びにいったことがあった。すがる思いで事情を打ち明け、もしや学校にもなにか言ってきたのではと懸念を口にした。にこにこしながら聴いていた小林は「ああ、抗議をしてきたよ。どんな教育をしているのか、とかね。しかし処分なんて心配するな。笑殺したよ。その程度のことさ。こっちの教育のせいにするなんて一中も落ちたものだ」と声に出して笑った。

小林に限らず私の国民学校の先生にはリベラルな感覚の人が多かった。

時局についてけっこう際どい話ができる図画の先生がいた。戦局が悪化するにつれて、軍の発表は戦果や損失の数字の誇張がはなはだしくなってきたが、言葉遣いも姑息になり、「敗退」とか「退却」というべきところを「撤退」、「撤収」まではまあいいとして、ガダルカナル島からの「転進」にいたっては、いよいよ末期的だなと私にも思えた。しかし、そういう感想を打ち明けるのは周囲の愛国少年たち相手にはむりで、図工教室に行くのがいちばんだった。「ガダルカナルは」と言いかけただけで、先生はさえぎるように「『転進』やろ。ははは」と笑われ、私は自分の感覚がそう間違っているわけではないことを知って、ほっとするのだった。おとなの仲間入りをしたような自尊心のよろこびもあった。

モンスター・ティーチャーたち

それが中学に入って一変した。

たとえば、英語は最初の授業時間をつぶして「なぜ敵性語である英語をやるのか」の討論に充てられた。「討論」といっても教師が生徒一人ひとりに当てて言わせるだけ。どういう意図で訊かれているのか見当もつかないから、どう答えてよいかわからず、オタオタするとどなられる。当然議論の深化も発展もなく、最後に教師が「敵のことをよく知らねば勝てないじゃないか」と高飛車に締めくくっておしまいというお粗末。

なぜそんな知れきった弁解がましいことをむきになって言わねばならないのか、もっと言うこともあるだろうに、とがっかりした。のちに宮崎芳三『太平洋戦争中の英文学者』（研究社出版）を読む機会があり、ああ、戦争中の英語の先生の立場はたいへんだったのだなと同情し、同時にあの授業はアリバイづくりであったのかとも気づいた。

どの授業もわかりにくいのにも閉口した。天下の神戸一中なのだから、出来の悪い新入生のレベルに合わせた授業をする必要はない、おまえたちの方がこっちのレベルについて来いといわんばかりの授業がつづいた。私はあたらしい科目である英語と代数、幾何でとくにつまずいた。

新科目には説明の必要な約束事があるはずなのに、ろくに説明してくれないのだからわかるはずがない。算数では甲、乙、丙といっていた記号が、代数になるとA、B、Cに変わるのはいいとして、xやyが当たり前のように登場すると、それだけで前に進めなくなる。ほとんど英数嫌いになりかけたところで、一年の三学期に縁故疎開で愛媛県の中学に転校して、「ふつうにわかる」ということの有難さを痛感できる諸授業にめぐりあい、かろうじてロープに逃れた。それでいて信じがたいことに私は一、二学期とも成績は特待生（上から一割以内）だったのだから、みんないったいどうやりくりしていたのだろう。落第生もかなり出たのではなかったか。

いやな授業も少なくなかった。Xがもっていた書道の最初の時間はまず生徒の顔を彼が憶えるのに費やされた。一学年三百二十人を九十八％まで一度に憶えると豪語していて、それが本当なら教育者としては羨望の的、すばらしいことなのだが、蛇のような眼つきで天辺から爪先までなめまわし、係累関係（身内に有名人の有無）を問いただす岡っ引き根性丸出しの彼がねちねちとやると、彼の自慢の記憶力も取り締まりの武器に見えた。

彼はまた、授業中有名財界人の息子である秀才OBの在学中の作品を読み上げて誉めちぎるのだが、それが「明窓の下浄机に向かい筆硯も新たに想を練るに」といった調子の無内容な美文で、これが模範文かと疑問をもった。有名人の名をすぐ口にするXの露骨な差別とスノビズムにもいやなものを感ぜずにはいられなかった。

国民学校時代の私はこましゃくれたところはあったかもしれないが、反抗的なところはなく、まず素直ないい子であったと思う。中学に入っても「先生はえらい」ものという観念を出発点としていた。親がえらいという思い込みからはもう解放されていたが、先生への敬意はそれほど崩れていなかった。それどころか、名にしおう神戸一中の先生方はどんなにすごいのだろうと胸をふくらませ、ついていけるだろうかと不安さえあった。

それがまったく思いもよらぬかたちで、したたかに裏切られる。彼らはモンスターであった。名門校の伝統なるものをふりかざして学力の低い生徒を侮蔑し、基本の基本であるわかる授業さえやらず、処分理由の説明もなく体罰を加え、はては生徒の出身国民学校に責任をなすりつけようとする。軍の学校に入学した卒業生に授業時間をさいて「講演」をさせる。軍や有力者に迎合する——なんたる不条理、と私は身もだえした。

もちろん当時の私がそう明示的に考えたわけではない。たとえば「わかる授業」がいい授業という認識はなかった。授業がわからないのはこっちのあたまがわるいのだと思っていた。処分理由の説明が必要とも考えてはいなかった。わるいことをしたのなら処分の理由を聞くなんて恐れ多い、と思おうとしていた。わるいのはまず自分だと思うくせがついていた。しかし、感覚的にははっきりとなにかおかしいことが行われているとわかっていた。

作家の小松左京は私より一年上であるが、ここの校風になじめず、しばしば教師になぐられ、三高に合格したときは、これで一中とおさらばできる「わが人生最良の日」とうれしかったそうだ。

もっとも旧制中学で校風になじめなかった知識人は多い。本書の主役である京都大学の大野英二も出身の愛知一中は好きではなかった。本書の材料集めの過程で多くの友人に訊いてみたが、旧制中学はきらいで旧制高校に入って初めて充たされたという人がじつに多い。その多くが教師のレベルが知的にも人格的にもまるでちがうと答えた。神戸一中だけが劣悪というわけでもなかったようだ。

それに二つの留保条件を考えに入れねばならないだろう。

一つは戦争中で教員の徴用、徴兵があり、元気な盛りの人材が多く学園を去っていたかもしれないこと。とくに都市は食料不足や空襲の不安で、あるいは強制、もしくは任意で地方への疎開——人材流出——が始まっていて、私が出会った教師たちはそれこそ「粗悪品集団」であったのかもしれないこと。

もう一つは私がこの学校に在学したのは一年の一、二学期だけということである。およそ学校というものは高学年になるほど居心地がよくなるところなのだから、私の経験は機械でいえば慣れるまでの初期故障の時期に当たっていたのかもしれない。最後までいたらまるで別の印象をもって去ったかもしれないのである。ちゃんと卒業したKやWにとっては、同じ事件でも「一年のときはひどかったな」と懐かしい想い出になっていたかもしれない。

田舎中学に移ってみれば

とはいえ、縁故疎開で越した先の愛媛県立西條中学校（現西條高校）での教師たちの印象は神戸一中とはまったくちがった。まず彼らには粗悪品集団の管理人という意識がなかった。学校は愛媛県を三つか四つに割った学区の一つ、東部地域（東予）では最高に入りにくい学校であったし、教師たちの多くはOBであった。

彼らは西條中学をトップに近い成績で卒業して、上級の学校、といっても旧制高校―帝大のラインではなく、やはり国立の、高等商業か高等工業、外国語専門学校、あるいは高等師範に進み、そこでもいい成績で卒業し、母校に帰ってくるというケースが多かった。

地方では大都市に比べ、中学教師の社会的ステイタスは高く、給与はそれほどでなくても時間のゆとりはあり、多少の田地や山をもっている安定した階層に属していれば、資産管理も片手間にできる申し分のない就職先であった。つまり彼らは生徒とは先輩・後輩関係にあり、互いに家族の背景もよく知っている狭い土地の構成員同士でもあった。私はしばしば生徒同士の会話で教師のことを「A兄（にい）」とか「Bやん」といった親称で呼ぶのを耳にしたが、彼らは生徒時代からの名で呼ばれていたのである。

校是や校歌にもそれは現れていた。私はこの文章を書くために校是を思い出そうとしたが、思い出せず、十人ばかりの友人たちに訊いて回ったが、みな何だったかなと怪しく、一人だけが「文武両道・質実剛健とかいってなかったか」という始末（それが正解だった）。それくらい校是なんてどうでもいい存在だった。校歌にいたってはこういう箇所さえある（高野辰之作詞・第四節、作曲は信時潔）。

瑞穂実ればうなじを垂るる
若き我等は思いを潜め
驕りと誇りを敵と忌みて
額の汗もて未来に生きん

驕りはいいとして誇りを忌避するとはどういうことかと不審に思う人は多いだろうが、私の学年では入学のときに国語教師からわざわざ説明があって、プライドは大事なものだが、それに執着すると碌なことはない、伝統へのへんな誇りには警戒を怠らないよう自戒せよという意味なのだと言われたそうだ。なるほど、この学校のように自然な共同体が成り立っているところでは、無理に人工的な「伝統」をかつぎだす必要はないわけだ。そこに大都市の「伝統校」とはちがった静かな自信に似たものを読むこともできよう。

そうした空気のなかで体罰が発生する余地はほとんどなかった。体罰の発生源は配属将校に限られた。学校の名物男に、陸軍士官学校をビリで卒業したという噂のある予備役の老柔道教師がいて、焼きいも好きで風貌も焼きいもに似ていた。彼はいつも大声で怒鳴っていたが、手を出すのを見たことはなかった。戦争が終わって退職せねばならぬことになり、校庭で壇上に立った彼はひどく小さく見え、一言も発せずぺこりと頭を下げて壇を降りた。

## 難波江通正という人

この学校で私は初めて恩師というべき人にめぐりあった。難波江通正《なばえみちまさ》という。やはり西條中学の卒業生で当時三十四歳、校医の息子であったが、東京の二松学舎で国漢を学び、以後どういう経歴を踏んでのことか、終戦時には参謀本部に勤めていた。軍服姿の先生が指揮刀を突いて夫人と写っている古びた写真を見た記憶があるから、職業軍人だったのかもしれない。弓道・剣道それぞれ三段。参謀本部の解散にともない、帰郷して父方の実家に戻り、母校に勤めることになったようだ。

難波江を知ったのは戦後間もなくの全校集会でのことである。予科練帰りの上級生が自分たちを死地に送り込んだ教師たちを糾弾すると称して開かせたものだ。罵声が飛び交い、帽子を阿弥陀にかぶり、崩れた感じの若者たちがのし歩き、前方の席に集団被告のように集められた教師たちは寂として声のないなか、突然立ち上がって、きみらはなにをしているのだ、その態度はなんだと叱りつけたのが新参の難波江で、不思議なことにそれを境に緊迫した空気はしぼんでしまった。叱りつけたといっても、軍人上がりに特有の威丈高な調子ではなく、どこか暖かい、反発を感じさせないところがあって、それが私を惹きつけた。

やがて難波江は私たちの漢文を担当することになった。一年かけて『孟子』を読む授業で、そのまえに三年生のときは別の教師が『中庸』を、やはり一年かけて読んだから、あの頃は漢文の教科書もなく、そういう変則的な授業がふつうに行われていたようだ。授業は漢文の授業というよりは公民に近く、答案には必ず誉め言葉、はげましの言葉が書かれてあった。孟子そのもののおもしろさがあって好きな授業の一つであったが、それがきっかけで難波江のお宅に出入りするようになったわけではない。同級の友達に岩村匡郎（故人・新日本電気）という二つ年上の大陸からの引揚者がいて、歳の離れたよくできる兄のいることから早熟で、学校関係の情報に通じていた。彼に連れられて先生のお宅に伺ったように思う。

お宅にはきさくな夫人と二人の男児がいて、夫人は直ぐ私を「哲坊」と呼ぶようになり、先生がお留守でも上がりこんで、子供をあやしながら四方山話ができるようになった。

当時私は知的にも感情的にも飢餓感と閉塞感にさいなまれていた。

本が読みたくてたまらないのに、西條の町は人口五万人かそこらで、読みたい本を置いている本屋はなく、古本屋も一軒貸本屋を兼ねたのがあるだけ。学校の図書館の本は質量ともに乏しく、私は図書館に自由に出入りするため図書委員になったが、実際に書庫に入ってみてがっかりした。委員仲間にも本当の本好きはいず、読んだ本や自分の思いを語りあう友がいなかった。ごく少数の読書家、蔵書家はいたが、傾向がちがったり、グループではなかったので本を貸してほしいとは言いにくかったりした。

難波江宅への出入りは私の望んだタイプの知的な空白を埋めるものではなかった（彼は本をほとんど失っていた）けれど、心情的な空白は快く充たしてくれた。二人の前だとふしぎに素直な気持ちでしゃべることができ、夫妻はそんな私を、おませな子供がなにかに熱中しているのを微笑みながら見守るように、受け入れてくれたのである。

難波江はなにかを教えるというよりは、いつも一緒に考えるという姿勢をとった。あるとき（中学四年を終えて大阪の旧制高校にいたときの夏休みだったと思う）ロマン・ローランの『ジャン・クリストフ』を読んでベートーベンの後期のピアノ・ソナタ、とくに「マルヴィーダのソナタ」と呼ばれる曲に興味をもち、どこかで聴くことはできないものだろうかと話したら、レコードの収集家たちの邸を連れ歩いてくれた。汽車にのって新居浜の住友の高級社員社宅までも行き、四時間も五時間も一緒に耳を傾けてくださった。クラシック音楽が好きとか詳しいとかでないのに、なぜそこまで付き合ってくれたのだろう。

あとになって知ったことだが、当時の難波江には深い悩みがあった。若いときの彼は不良っぽいモボで、カフェの酒の味もナイフ使いも堂に入ったものだったらしい。夫人とも恋愛結婚で、旧家の開業医である父君からは勘当になっていたという。それがどういう理由でか、参謀本部時代の彼はコチコチの国粋主義者になっていた。敗戦で信じていたすべてが崩壊し、茫然自失の状態で帰郷した難波江は、生きるための心のよりどころを求めていた。当時の彼にはすべてが探究と吸収の対象であって、全身これアンテナ、学ぶ相手は生徒であると誰であるとを選ばなかった。

難波江には愛国少年でない私が珍しかったらしい。戦時中「非国民」的スタンスをとっていた父の影響で、私は親しい友達には、八紘一宇とかいうけれどその宇（イエ）の主人が日本というのなら米英の侵略主義とどうちがうのだと、ふっかけて困らせたりした。先生は後にその友人から話を聞いて私を買いかぶったふしがある。あるとき夫妻とジャン・ギャバン、マレーネ・ディートリッヒの「狂恋」（一九四七）の話をしていて、あまり面白くなかったとしゃべっていたら、じっと聴いていた夫人が突然「大人と思っていた哲坊もやはり子供なのね、フランスの世話物映画の、あの大人の恋の味いはわからないのね」と感に堪えたように笑い出したことで、逆にそんなに大人っぽく見られていたのかとおどろき、照れたことがある。

## ほんとうの上等人間

敗戦後間のない時期の地方都市にはよく見られた情景だろうが、西條の町にも当時キリスト教会が布教を始めていた。ルーテル派は街の中心に施設をもち専任の牧師もいたが、カトリックの伝道は素封家の家の回りもち。ビゼントさんというアジアの広域にわたって活動している大物神父が、わずか数人の未入信者を前に、覚えたての日本語で、びっくりするほどわかりやすく教えを説いたりしていた。

難波江は両方に出入りしていたが、孟子の「仁」とキリストの「愛」はどう違うと思うかとか、カール・バルトのロマ書解釈をどう思うかとか、私には手におえそうもない問いを口にしながら、どんどん勉強が進んでいるふうで、やがて夫婦そろってプロテスタントの洗礼を受けられた。私は招待されて立会人になった。ああ、先生の真摯さに取り残されたな、との想いがあり、若いのにオレのほうがよほど俗物だとわが身を恥じたことを憶えている。まだ勉強することがたくさんあるからと、自分との対決を先延ばししているではないか、悩みといっても本当に追いつめられていないと駄目なものだと。

難波江夫妻についてはもう一つ、これこそ忘れられない出来事がある。

夏休みで大阪から帰省していたある日、街に出るよと母に声をかけたら、ついでに先生のお宅に畑でとれた青菜をお届けしなさいと言われ、そういえば日頃お世話になっているのになにもしたことがなかったな、とお宅の玄関先まで伺った。夫妻はすぐ出てこられ、難波江はおう、そうか、ありがとうといつもの穏やかな調子だったが、夫人は私の顔を見ず、うつむいてすぐ席を立たれた。

ちょっと様子がおかしいとは思ったが、なにか御用でもあったのだろうと気にせず、数日後いつものようにお宅を訪ねたら、夫人が飛んで出てこられ、「哲坊、こないだはごめんね」と謝られる。なんのことかと思ったら、「私、生徒さんから物を頂くのにこだわりがあって、いやで仕方がないの。哲坊は今の生徒じゃないし、そんな関係じゃないことはよくわかっているのに、ついあんな態度をとってしまって。主人とも話し合って、いますごく反省している。ほんとうにごめんね」と言われるのである。私はしびれるようなショックを受けた。

これは過剰な潔癖性ではないかと見る向きもあるだろう。贈答は教師生活にはつきもので対応がむつかしく、私は今もって明確なスタンスをもたない。先生の一家が相当な貧乏暮らしであることはわかっていた。しかし、同じ物のない時代にも、へそ曲がりは少なくないもので、のちに知り合った旧制甲南中学のある教師は家庭訪問のときは水筒に茶を入れて持ち歩き、座敷に通されて茶を出されると言いたいことが言えなくなるからと、玄関先で立ったまま、長くなると水筒を取り出して話をつづけた。こうしたいわば饒舌な潔癖は私の好みではない。さいわい先生夫妻の潔癖はそういうもって回ったものではなかった。

でもそんなことはどうでもよかった。私を打ったのは、まだ子供といってもいい生徒をまえに自分の気持ちをそのまま告白できる勇気と率直さ、おごりのなさであって、ああ本当の上等人間はこの世にいるものだと粛然とした。生涯にそういくつもない瞬間だった。

難波江はやがて小原国芳の教育理念に共鳴して東京の桜美林学園に移り、どういう理由でか再び西條に戻って、最後は今治刑務所の教戒師として生涯を閉じた。夫人は先生の没後しばらくして、私にも、同級でやはり先生の人格に打たれて晩年まで二、三年に一度は難波江詣でをしていた同級の大西孝夫（日建設計）にも知らせることなく、消息を絶った。

「進む者には別れなければならぬ」

難波江通正のことを思うと、いつも思い出される風景がある。あれは四年生のときの終業式で、三年のとき漢文で『中庸』を読んでくれたA教諭が県の視学官に栄転することが発表された。壇上に立ったA教諭は開口一番こう言った。

「阿部次郎は『三太郎の日記』で『進む者は別れなければならぬ』と言いましたが、私は言いたい。『進む者には別れなければならぬ』と」。

私は、ああ恰好いいことを言うものだ、うまいなあと感心した。感心しながらいくらかの違和感もあった。『三太郎の日記』とは、のちに東北大学の美学教授になった阿部次郎の青春の彷徨を記した大正期の大ベストセラー評論・随想集で、私の時代まではかなり広く読まれていた。ただ、一時の熱狂はなく、この三年後大学で知り合った大阪出身の文学部の新入生木本恵也（中日新聞）とこの本の話になったら、きみ、あんな本読んだの？ と笑われ、性欲つよいのんとちがう？ と冷やかされた。和辻照の『和辻哲郎とともに』によって、夫が留学中の照に阿部が言い寄った事件があきらかになるずっと前のことである。

阿部のメッセージは、人は進もうとすれば自分にとって大切なもの、なつかしいものをあえて棄て去らねばならない宿命を背負うというほどの意味であろうが、Aはそれを、教え子に追い越される教師のよろこびと悲哀にたくみに置き換え、成長するきみたちと別れるのはつらいが私はそれを甘受するよと述べたのである。

違和感を覚えたのは教室での彼を知っているからであった。Aは要領のいい教師で、漢文教科書の代わりに『中庸』を使ったのは、当時手に入れにくい虎の巻があったからのようであった。宇野哲人の『四書講義　中庸』がそれで、私は『中庸』がテキストというので蔵書家の親戚で蔵探しをして見つけ出し、授業のたびに持参した。初めは遠慮して膝の上にのせて隠し見ていたが、彼の講義があまりそっくりなので、ちょっとは違ったことを言ってくれないかと、わざと机の上に出して挑発してみせたが、気がついたはずだのに表情も変えずそれで通した。宇野のウの字も言わずじまい。試験の点は甘かったが、尊敬されなかった。この人は愛媛師範の出身、小学校訓導養成コースのはずだったのが、どういう事情でか中学校にまぎれこんだようで、虎の巻べったりだったのは高等師範や高等専門学校出身の同僚に比べて専門的素養の不足を感じていたからかもしれない。

Aとは三年ばかりあと、偶然汽車のなかで出会った。私を憶えていないと言い、元からのくせであるそっくりかえった姿勢で、代議士なみの巨大な名刺をくれた。視学官の肩書きはそのままであった。

「進む者には別れなければならない」という科白《せりふ》はAではなく難波江にこそ似つかわしかったのではないか。難波江は、教師とは生徒が自分を乗り越えるのを助け、またそれをよろこびとする職業だと信じていたのではないか。そうでないとレコード探しのときの、あんな没我の行動は考えられない。こちらがなにかこましゃくれたことを言い、知ったかぶりをするたびに眼を細めて笑う、そういう師をもったことは、太宰治の科白――「撰ばれてあることの恍惚と不安と二つ、われにあり」――をもじっていえば、恍惚を不安が圧倒しがちな少年にとってどれだけ救いになったことか。

幸運なことにこの中学では難波江のほかにも幾人かのそれに近い、自分を教え子たちの踏み台と考えている先生たちにめぐまれた。彼らのおかげで、友人の少なかった私の中学時代にはわずかに灯りがともった。放課後の若い教師はしばしば私の遊び場であり避難所だった。英語科の秋川浩らとの人間味溢れる率直な交情は忘れられない。

ただ、今となって思うのだが、彼らはあまりに心やさしく謙虚で、簡単に乗り越えられる存在に自己限定をされていて、われわれのまえに高くかかげられたお手本を演じたり、あるいはおまえたちはまだ十年早いぞと大きく立ちはだかる障害の役割を務めたりすることはなかった。それでは弟子たちは大きくは伸びない。麦踏みではないが、意地の悪い教師、性格の悪い先生に当たった方が伸びることも少なくないのである。Aは反面教師として貴重な存在だったのかもしれない。これを、たとえばオーケストラの指揮者にたとえれば、西條中学の先生方は団員の技術を高めるのに向いているトレーナー型で、マエストロとか巨匠と呼ばれる指揮者のようにわがまま放題に振舞いながら高い境地の音楽世界を創り出すタイプではなかった。

もちろんよきトレーナーであり、名指揮者でもある人はけっして少なくはないわけで、旧制高校の教授は、その理想に近い存在であった。私は旧制高校に入ってそういう人たちのいることを知り、わが理想の将来をうばった学制改革をのろったものだ。

ただ、師弟関係を、乗り越えるとか、乗り越えさせるといった角度ばかりから捉えるのは本質的な側面をなおざりにしかねない。師弟の間柄は知的な伝承関係ばかりで成り立っているわけではない。私が難波江夫妻にもっとも惹かれたのは「上等人間」と呼んだ二人の人間的側面であった。そしてこればかりは追いつくとか追い越すという次元を超えた領域であった。

このすこし長い序章を置いたのはそのことが言いたかったからである。また、神戸一中のところで述べたように、教師と生徒の間には「師弟関係」といった言葉を使いたくないほどの強権的・暴力的な支配の側面も存在することを確認しておきたかった。師弟関係には美しさもおぞましさも同居している。

しかし、ここにはこのあと大学社会では必ずといってよいほど顔をのぞかせるライバル意識＝嫉妬という感情が、まったくといってよいほど姿を見せなかった。その意味で私の中学時代はまだエデンの園であったのかもしれない。

# 第一章　京大経済学部というところ

## 大野ゼミの面接

昭和二十七（一九五二）年の年明け、私は京大法経本館二階研究室の廊下で面接の順番を待っていた。大野英二助教授のゼミの選考で、志願者はあまり多くはなかったらしい。私の前には見知らぬ学生が一人いるだけだった。俗に「松の廊下」といわれる天井が高いのに暗い、深沈とした空間であったが、その日は比較的人の出入りがあった。

待っているあいだに大阪高校の同級生だった石神力（のち東洋経済新報社）が通りかかった。彼は私より一年早い入学で、ここでなにをしているのかと聞かれ、大野ゼミの面接だと答えると、ぼくも大野ゼミだという。奇遇だといっているうちに呼び込まれ、そこで初めて大野と出会った。あ、これを「美丈夫」というのだろうな、とまず思った。

中野重治の『むらぎも』にハンサム揃いの東大の寮生が互いの容姿の品定めをする件がある。容貌にひけ目のある中野（文中では片口安吉）が居心地の悪い話題に小さくなっていると、その一人から「おまえは美男ではないが好男子だよ」と言われてほっとする。「ハンサム」の条件を考えるとき必ず思い出す、身につまされる場面だが、大野は美男子であるとともに「好男子」でもあった。美男には仲代達矢、草刈正雄系の悪役向きのそれもあるわけだが、大野はいかにも育ちのいい秀才型の美男であったのだ。

私とは九つちがいだから当時二十九歳、長身で眉目秀麗、しかし結核の療養（岩井式といわれ絶対安静で肉と卵を大量摂取する）を終えたばかりだったので、その若さにはめずらしくふっくらと恰幅よく見えた。対照的に声はかすれ気味で高く、早口だった。大野のほうが緊張しているようにも見えた。

まず語学を聞かれ、英語とフランス語です、ドイツ語は使いものになりませんと初めから弁解になった。ドイツ語のことをわざわざ断ったのは、大野がドイツ経済政策史を専門としていると聞いていたからだ。大野はなにか勘違いをしたようで、ああ仏文なんだ、ドイツ語はかまわないよと応じ、次に「『資本論』は読んだか」と聞かれた。「ハア、第一巻だけですが」とまた弁解口調になったが、それでいいんだとうなずいた。

最後に「ゼミにだれか知り合いがいるか」と訊ねられたので、さっき知ったばかりだのに石神の名を挙げると、大野はそれまでの硬い調子を俄かにやわらげて「ああ、石神君か、彼は優秀なんだ」とうれしそうにした。それに力を得て、ゼミは専願なので落とされると差し当たり行く先がない、及落の見込みが気になると思いきって切り出したら、先生は「いや、きみは——」と言いかけて口をつぐんだが、呑み込んだ言葉が「大丈夫」であることはなんとなく伝わった。神経の繊細な、それでいて温かみのある先生だなというのが第一印象で、ほっとした。

数日後、学部事務の窓口に結果を聞きに行ったら、「石神君と一緒に遊びに来たまえ」という伝言があった。なんだか、彼のおかげで合格したような気分であった。そのときにはこれがわが生涯の分岐点になろうとは思いもしなかったのであるが。

## ゼミ選び

でもなぜ大野ゼミを選んだのか。

ある先生にあこがれてその門下で学問をやりたいと思って大学を選ぶといった気風は、私の時代でももうそれほどつよくはなかった。いや、かりにつよかったとしてもあこがれの対象が限られていたであろう。京大経済学部には河上肇という大看板はすでになく、それにつづく高田保馬、柴田敬、蜷川虎三、石川興二といった大物教授は戦後の経済学部の戦争責任のとりかたを示そうという「総退陣」とそれにつづく「学部再建」の過程で姿を消していた。

学部再建が、教授になって十一カ月という、四十三歳の静田均を学部長に立てて、彼に全員が辞表をあずけて処理を一任したことに象徴されるように、あたらしい経済学部は若返った。しかしあえて言えば「小粒」になった。知名度の高い大先生がいなくなった。外部から豊崎稔、岸本誠二郎らを迎えはしたが、都留重人（一橋大）、大塚久雄（東大）らの招請は失敗し、主として内部昇進で賄わざるをえず、多くの新顔教授、助教授が誕生した。大野も前々年の一月に講師に、同年六月にほかの二人の講師とともに助教授に昇格する。たった半年の講師というせわしなさ。あたらしい教員は「ポツダム教授（助教授）」と呼ばれる。大野ゼミは前年四月に最初のゼミ生募集が行われ、われわれは二回目であった。

学生がゼミを選ぶ基準は、いまもたぶん同じで就職に有利かどうかを、一応は考えていたように思う。

大先生はもういないのだから、近代経済学の系統か、実学的な学科のゼミが人気があったようだ。経済原論の青山秀夫、金融論の中谷実、経営学の田杉競といったところがそうであったのではないか。私は第一志望としては新聞社か通信社、出版社といったところ、二番手には経済官庁を漠然と考えていた。しかし、それらはどれも難関なのでふつうの会社も考えなければいけないだろうと思い、あまり特殊な専門のところ、たとえば交通論の佐波宣平は、人柄には魅力を感じたが、早くに除外した。東洋経済思想史の穂積文雄もしかりである。このときは研究者になるなんてことは自分には無理だと考えていた。学者とはえらいものと思っていたのである。

理論系か政策系かということになると、自分には理論の才能がないから政策だなと思っていた。歴史も興味はあったが古いところをやるつもりはなかった。経済学史は理論の延長だから、これもしんどそう。となると現代経済史か経済政策のどれかの部門、国際経済とか財政、あるいは産業論といったところに落ち着く。しかし、産業といっても農業と商業は別の理由から専攻する気になれなかった。要するに私の選択対象になるゼミは科目で言えば経済政策の豊崎稔、社会政策の岸本英太郎、工業政策の静田均、国際経済学の松井清、財政学の島恭彦、それに大野英二といった辺りになる。

もう一つ重要な基準があったが、それはマルクス経済学を学びたいということだった。もともと経済学をやりたいと思ったのは社会認識の基礎がそれによって可能になると信じた、あるいは信じたかったからである。そして右のゼミはすべてマル経ゼミであった。

ところでこの辺まで絞り込んでくるには相談仲間がいた。文学部から経済学部に転学部するとき一緒だった宮永昌男（龍谷大学）で、中学四修で一浪（彼は三高）と、経歴も考えかたも似ていることもあって、なんとなくゼミ探しの行動をともにしていた。学者になるつもりのないことも同じだった。

## 「放牧派」の大物たち

これらゼミの教官のうち、まず豊崎稔は学者離れした幅の広さとスケール感をもっていて、講演の名手でもあった。

一年のとき経済統計学という大教室講義を聴いたが、出だしはいちばん前に席をとっていても聞こえるか聞こえないかの呟きのような低声で始まり、ざわめいている学生が静まるにつれて聞こえてくるのは「現下の日本資本主義始まって以来の不況のなかで経済学の勉強を始める諸君はほとんど無限といってよい学習の素材にめぐまれている」といった、けっこうセンセーショナルな、耳をそばだてさせる言葉なのである。シーンとなるなかを次第に高く、ほとんど眼を閉じたまま、情熱的にしゃがれた声をしぼる警世の弁は聴きものであった。ある友人は「エロティックなうまさやな」と感嘆の声を挙げた。

直観力にすぐれた人で、ものごとの勘所を摑むに長じ、官財界に顔が広く各種政府委員に名を連ね、海外にも知己が多かったようで、出張が多く、この講義は結局一年で二回しか行われなかった。中味も八割方は雑談。二年の経済政策の講義も二回だけで、ごていねいに試験の問題も出さぬままのアメリカ出張であったとか。教務委員の山岡亮一が狼狽して、豊崎の助手の中村忠一に代理出題採点を依頼し、中村がゼミの学生にノートを出させたら、一年分で一ページしかなく、怠けちゃいかんとしかりつけたという話を、これはあとで中村から聞いた。

経済政策には豊崎著の概説書がテキストに使われたが、トークの巧みさには遠く及ばぬやっつけ仕事、ノートかメモのようなものであった。かつては日本機械工業についてのぬきんでた先駆的業績やウィクセル景気理論の紹介などで鳴らしたのに、あまりの多忙で研究も教育も休眠かとお見受けした。魅力はあるけどちょっとなあ、というのが宮永と私の評定でこの大先生は敬遠することにした。しかし、人さまざまで豊崎ゼミは学部、大学院ともに志望者が多く、ゼミ生はけっこう先生を愛していたように見える。

一年下の級でのちに東北大学の教授になった金田重喜は、定年退職時の座談記録で豊崎のゼミを回顧して「放牧型」と命名し、学者を育てるには最良の環境を提供してくれたと語っている。対するに「飼育型」として引き合いに出された詰め込み教育の見本が大野ゼミ（「笑い」とある）であって、大野ゼミを選んだ私たちは金田やその弟子たちによって憫笑《びんしょう》されていたらしい。輩出した人材の比較でいこうやと言いたいところだが、そこが教育のむつかしさ、おもしろさで、無責任な養育放棄の方が人材を育てることもないわけではない（断っておくが去年亡くなった金田に因縁をつけているわけではない。彼とはそれほど親しくはなかったけれど、師匠と異なり、ふくらみに欠けるが馬力のある勉強家で人懐っこく、著訳書の交換を欠かさなかった仲である）。

第二の候補である松井清も豊崎に劣らぬ「大物」である。元京大総長の息子で坊ちゃん育ち、天衣無縫の放言癖を憎まれることもあったが、ほとんどの場合愛されたか、あいつは仕方ないとあきらめられた。

松井の人柄については森嶋通夫（ロンドン大学）が、その著『イギリスと日本』では匿名で、『智にはたらけば角が立つ』では実名を挙げて、紹介した有名なエピソードがある。森嶋が京大の助手時代に松井教授と組んで入試の採点をしたときの話で、同じ答案を二人で読むのだが、松井は雑談ばかりしていてろくに作業をしてないように見えるのに、いつの間にか森嶋に追いついている。さすが教授とは大したものだと思っていたが、じつは森嶋がトイレに立っている間に彼の点数をのぞき見て二、三点ずらせた点をつけていた。それればかりか、途中から松井はああ、二人とも同じような点をつけているではないか、それならきみだけに採点を任せてもよさそうだ、あとは頼むよとすべてを押し付けたというのである。うーむ。まさに豪傑というべきか。

学問への態度も大らかで、多数の著書があったが、そのなかには厳密な思索の結果とはとうてい言い難いものもけっこうあった。あるとき世界経済論の講義で、テキストに使っていた自著の三ページ分（資本論の解釈部分）が誤りであることを前回学生に指摘され、その通りであることがわかったので削除する、と言明しておどろかされた。人によってはその率直さ、あるいは勇気を評価すべきであるかもしれない場面だが、松井の場合はああ、やはりこの先生は粗っぽいのだなという印象しかもてなかった。

同じ講義の学年末試験のときもおどろかされた。いくつかの簡単な条件を記したうえで、以上のばあい国際収支はプラスになるか、マイナスになるか、結果だけを書けというのである。松井は点が甘いので、受験生は大教室を埋め尽くしていて、多くはこういう満点確実の問題を歓迎しただろうが、そこは京大、かならずへそ曲がりがいて、最前列の学生からクレームが出た。それではちゃんと理解しているかどうかわからないではないか、理由を書かせるべきであるという「正論」が主張されたのである。正直な松井は苦しそうに弁解していたが、彼が答案を読むのが面倒なのでそういう出題をしたことは見え見えであった。最後に彼は「わかった。理由を書きたい者は書いたらいい」と切れ気味に言い放って「論争」を打ち切る。答案を提出する学生のなかから「あいつ、さぼりやな」という声が出て周りで小さな笑いがもれた。

しかし、松井ゼミも学生の人気は高かった。楽勝ゼミという言葉は当時はなかったが、楽勝期待組だけではなくけっこうできる学生もいたように思う。彼の憎めない人柄のなかに「放牧型」の魅力を感じていたのかもしれない。

## 「実力派」の将帥たち

島恭彦のばあいは豊崎、松井とは相当ちがう。対照的といってもいい。彼はまじめであったし、まだ四十一歳という若さだったが、すでに二つの名著を出していた——『近世租税思想史』と『日本資本主義と国有鉄道』がそれで、出たばかりの後者を読んだが、読み進むにつれて頭がよくなるような快感をおぼえ、社会事象を「分析」するとはこういうことをいうのだろうと賛嘆したものである。前者はついに読む機会をえなかったが、のちに親しくなった一歳年上の財政学者である森恒夫（甲南大学長）は東大の学生時代にそれを読んで感激し、財政学を学ぼうと決心したという。回顧録に東大の先生の著書でなく、島の本だけが記されているところはいかにも真っ直な性格の森らしい。

仕事の質から言えば文句なしに島のもとにということになるのだろうが、一つ引っ掛かりがあった。当時の経済学部はマルクス経済学といっても政治的立場も理論的立場も一様ではなかった。ノンポリの私はその方面には不案内であったが、それでも島が政治的には共産党系グループの総帥であり、人徳はあるが放言の多い松井は副将格、西洋経済史の堀江英一助教授が官房長官という役回りだといった程度のことは仄聞していた。八方美人の豊崎は共産党とは即かず離れずらしかった。

だとすれば島ゼミの中核部分は共産党の活動家たちで占められ、私などは受け入れてもらえないかもしれないし、かりに受け入れられても入党を勧誘されるなど、いろいろわずらわしいことがあるかもしれない。当時の共産党はくるくる立場が変わっていたが、学生のあいだには「球根栽培法」といった武装蜂起の地下出版物が出回ったりしていた。私はメーデーに参加することさえ、なぜ学生が労働者の祭りに？　と疑問を感じる程度の後衛的な人間で、しかも気が弱かったから、納得のいかぬままに大勢に順応することになりかねず、そういう精神衛生に悪い状況に身を置きたくはなかった。それに島は豊崎とは逆に講義にはもひとつ魅力がなかったのである。

残る教授は静田均である。静田にはのちに大学院で指導教授として師事し、浅からぬ縁をもつことになるので、いずれ詳しく語ることになろう。ここでは当時の印象を手短に述べるに留める。

静田は四十五歳の若さで再建学部長の重責を担わされただけあって、うるさ型の多い大学社会のなかでどちらの側からも「静田さんなら」という、人物への一定の信用があった。外柔内剛、おだやかな物腰なので与しやすいとタカをくくると手を焼くようなところがあった。前学部長の蜷川虎三はそこを見誤って失敗した（この件は後述）。端正な風貌にも米沢藩の士族の出と聞くと納得させられるシンの強さを感じさせられた。

工業経済論を担当していたが、以前の勤務先では農業経済をもち、それぞれの分野で水準の高い代表作をすでに世に問うていた。『日本農業経済論』（一九三八年）と『カルテルと経済団体』（一九四三年）がそれで、三十五歳の作品である前者は、静田自身にそういう認識があったかは別として労農派のもっともすぐれた日本農業論の業績として、のちに大内力らによって激賞される。静田が「あの時代は本当に農業がおもしろかった」と振り返っているように、若い著者の沸々たる情熱を読みとることができる。それにたいして五年後の後者は学位論文を意識してか、博引旁証、周到重厚なアルバイトであるけれど、正直言って退屈であった。こんな細かい話を講義で聴かされたら堪らないなと思ったが、そこは良心的な静田、ちゃんとバランスのとれた読みやすい概説書を別に用意していた。これも面白くはなかったが。

私の目に映った静田はあまりに老成していた。もはや貪欲な探究者ではなかった。学部再建に精魂を傾けつくしたのかもしれないし、家庭の不幸があったからかもしれない。夫人と二男一女を残して老母とともに彼は家を出て借家を転々としながら離婚訴訟中であった。母堂と夫人の不和が原因であったが、離婚請求理由は「性格の不一致」とされていた。ゼミでも三回生から四回生に移るとき彼はなぜか人数をしぼってとくに優秀な一、二人だけを残した。コンパに出てもいくばくかを包んで途中で脱け出した。なにか師弟のしがらみを頑なに拒否するような趣さえ漂わせていたのである。

## 先生とはいくつちがいが

宮永昌男と私のあいだでは初めから若い先生は有力な選択肢だった。年齢の近い先生のほうがよくはないだろうかと話し合った。それだと助教授級になる。

師弟間の年齢の問題はむかしから頭の隅にあった。

一つは先生の絶対年齢。先生はいくつぐらいがいいか。未熟では困るし、老い、くたびれているのもかなしい。むかし、「としごろ」、つまり結婚適齢期という言葉があったが、それでゆけば「教え頃」というものがあるのではないか。

もう一つは齢の開きで、発信者である教師が教え頃であっても受信者の側がそれにふさわしい感度をそなえた年齢になっていなければ授受信作業は達成されない。いわば「学び頃」である。このバランスはばかにならないのではないか。

師弟関係の歴史を見るとき必ずといってよいほど引き合いに出される夏目漱石と弟子たちはどうだったか。漱石の最初の、世に知られた弟子は五高時代の教え子である寺田寅彦で、五高就任時の漱石は二十九歳で寅彦は十八歳、十一違いである。ほかはほとんどが漱石が英国から帰った三十六歳以後の弟子で、小宮豊隆とは十七歳、鈴木三重吉とは十五歳、森田草平とは十四歳の齢の開きがあった。今から見れば鬱然たる大家である漱石は五十台、六十台に思えるけれど、亡くなったのが四十九歳、弟子たちとの濃密な関係が結ばれたのは三十代後半と、思いのほかに若かったのである。

それはほぼそのまま彼の作品にも投影された。『こころ』の「先生」は最後に姿を消す明治四十五年に三十五〜六歳、「私」は二十三〜四歳と、十二〜三歳の差（ついでに言えば「奥さん」は二十九〜三十一歳）と推定される。『三四郎』の廣田先生はもうすこし年かさだろうか。

私が師弟関係を考えるときの原点である中学での恩師難波江通正と私のばあいはどうだったか。先生三十四歳、私は十六歳で、中学生の場合はそれぐらいの年齢差が必要であったのではないか。「教え、しつける」要素がどうしても大きくなる――「（自分で）学ぶ」より「教えこまれ、しつけられる」要素がまだ大きい――のだから。

大学生となるとその差はもっと小さくてもよい。ときには共通の目標に向う共同研究者という役割を担うことだってあるからだ。逆に大きくてもわるくない。老大家の知恵と孫のような弟子の馬力がしあわせな結果を生むこともあろう。

## 新米助教授という選択

さて助教授で政策・現代史系となると、社会政策の岸本英太郎が筆頭格である。二年前に三十五歳で大著『社会政策論の根本問題』でさっそうと英姿を現したばかりだった。私とは十七歳ちがい。いちばん若いのが工業政策の静田均のもとで助教授であった大野英二で二十九歳、九歳の年齢差である。この範囲であればどの先生でも年齢的にはわるくなさそうだと思った。

岸本は多作の人で『根本問題』のほかにもすでに三冊ばかりの著書があり、また論争の人でもあって、東大の第一人者大河内一男をはじめ多くの論客を相手取って盛んに議論を吹っかけていた。返す刀で過去の自分も批判の対象にし、書いたばかりの本を絶版にするといった熱っぽさが身上であった。講義をのぞいたことはないが、岸本ゼミの大学院生の話を聞くと、いかにもせかせかと元気よくまくしたてるイメージは著書そのままであった。ただ私はこういう押しのつよいタイプの先生は苦手だろうなという気がした。あとで聴くと意外に気の弱い面があるともいう。

いちばんデータのないのが大野であった。蜷川虎三門下のマルクシストで、蜷川が去ってからは静田の工業経済論の助手に転じた、優秀だが病弱な最若年の助教授だという程度のことしかわからなかった。ゼミ生も一年上の旧制と新制一回組がいるだけで、ほとんど情報が得られなかった。宮永も私も転学部生だったから、教養の語学の級友に経済学部の学生がいなかったのも情報不足の原因で、さてどうしたものかと額を寄せ合ったが知恵は出なかった。私が思ったのは、大先生、中先生もいいが、どうしてもこの先生という人がいないのであればいっそ未知の若い先生に賭けるのはどうだろう、それもゼミをもつのが初回か二回目といった新米先生が、やる気があっていいのではということだった。

そういうことを思いついたのは中学時代の記憶からである。敗戦直後の教員大移動の時代で、田舎の中学でも次々と、人を教えるのは初めてという、さまざまの経歴の先生にめぐりあったが、記憶するかぎりではほとんどの新人教師が生徒の胸になにかをスパーク（点火）していった。なかには二、三カ月で辞めていく人もいたが、そういう人の方が忘れられぬ記憶を残した。

東大の大学院在学中という秀才を絵で描いたようなきさくで快活な青年が数学の教師として赴任してきたことがあり、彼の描く幾何の補助線の美しさを、私は陶然と言いたいが、そのじつ茫然と眺めていたのだが、事件が起こってすぐに姿を消した。

事件というのは授業中しつこくからんできた生徒をなぐったのだ。西條中学には列長、前列長という奇妙な制度があり、列長とは成績上位の七人が教室の七つの列の最後尾に席を占め、逆に成績下位と札付きのワル七人が「前列長」と呼ばれ最前列に座らされるという仕組みであった。

前列長というのはたぶん俗称であったが、その一人でたちのよくないのが、若い新米とみて先生にいやな絡み方をした。先生はにこにこしながらけっこううまくかわしていたが、ついに暴言がある一線を越えた次の瞬間に彼を殴り倒した。先生の顔はさっと赤くなり、次いで白くなった。白くなったときの先生の眼はうつろだった。

それから一月足らずで休みに入り、先生は二度とわれわれの前に現れなかった。あの先生はそれまで人を殴ったことがないのではないか、あれは私から見れば聖なる怒りだったが、彼自身は殴ることで深く傷ついたのだと私は思い、自分自身のみじめな、殴られた記憶、そこで私を殴った教頭、たぶん人を殴り慣れた教頭の心境と重ね合わせてみた。

とどのつまりは

宮永にはそんな話はしなかったけれど、いよいよ結論をということになって、彼がぽつりと「吉村さんか大野さんだけど、大野さんにしようか」と言ったとき、彼も結局似たようなことを考えていたのだなと思った。吉村達次は大野と同時に助教授に昇格し、ゼミの担当も同時であった。『資本論』を緻密に読み込んでいるといわれた理論畑の人で、大野より六歳の年長である。のちに森嶋の前掲本で知ったことだが、昭和二十五年の三人の助教授昇格のとき、いちばんすんなり認められたのは彼であった。

ただ、私たちは知らなかったのだが、吉村はこの頃から流行し始めていた「民族資本」概念のかなり現実的な問題、たとえば島津製作所の現状分析への適用などを、おそらくは他律的に、つまり共産党の方針に則って、論文にしようとしていた。夫人はのち共産党の京都府会議員。資本論学者の片手間仕事の「実証研究」にろくなものがあったためしはない。また良識的なすべての学者から顰蹙を買ったスターリンの「最大限利潤」なるものをもち上げもした。たぶん彼は組織への忠誠を生き方の軸に据えていた人で、学問の役割は現在の実践的課題への奉仕にあると信じていた点で、森嶋や、のちに見る大野のような学問の自立性への頑ななまでの信念――それが担保されないかぎりその客観性への信頼もありえないという考え――とは大きな隔たりがあったのだろう。

もし私が吉村ゼミに入っていたら研究者を志望することにはならなかったであろう。政治や主義のために奉仕する学問研究など願い下げであるし、そうした道への先達としての吉村には魅力を感じなかっただろうから。不幸にも彼は四十九歳の若さで他界したが、藉《か》すに齢をもってしても、見るべき業績を残したか疑問とする。

ともあれ、こうして私と宮永昌男は昭和二十七年四月に大野ゼミに入門した。右に記したような頼りないスタンスであったし、なにより学力不足だった。当然の帰結としてゼミでは「疾風怒濤」のなかに投じられることとなる。ただゼミで起こったことを見るまえに、大野の人となりとその背景、そして彼と経済学部を取り巻く直近の状況について、およそのことを知っておくことがどうしても必要である。次の章はそれに充てられる。

# 第二章　主役の登場

## 私流ウィキペディア　「大野英二」

この辺で物語の主役である大野英二その人について、あらましを語っておこう。

大野は名古屋の人である。大正十一（一九二二）年十月二十日、地元のゆたかな紡績業者の家に生まれ、順調に愛知一中から第八高等学校文乙に進んだ。乙というのはドイツ語を第一語学とするクラスで、甲は英語、丙はフランス語である。昭和十七年十月京大経済学部に入学、同二十年九月に卒業して大学院に進む。指導教授は蜷川《にながわ》虎三（統計学、のち京都府知事）であったが、後述する経済学部の「総退陣」で辞職したため大塚一朗に代わる。その大塚も学部審査による教職追放で辞職したので、静田均（工業経済）につく。翌年十月助手になり、二十五年一月に講師、そして同年六月に助教授となった。ゼミを担当するのは翌年四月からである。

そのあとについても駆け足で紹介しておく。

昭和三十一（一九五六）年にモニュメンタルな出世作『ドイツ金融資本成立史論』が出る。三十三歳の作である。これによって大野はほとんど一夜にして俊秀経済史家として知られるようになる。いわば全国銘柄になった。以来何冊かの重厚な著作をつうじてドイツ経済・社会史の大家としての地位を確固たるものとする。晩年はナチスとユダヤ人問題に沈潜し、これについてだけで三冊を書く。他方ドイツでの「社会史」研究の新しい潮との交流と紹介につとめ、弟子たちを動員して多くの翻訳を世に送った。また河上肇に心酔して『河上肇全集』の編集にも力を傾ける。

教授になったのは助教授になって十五年後の昭和四十年である。一貫して研究会活動には熱心であったが、形骸化した巨大学会には露骨に冷淡でもあった。研究者になったゼミ出身者は二十人を数えるが、後年はむしろ他大学出身者の育成に力を注いだ。定年後中部大学国際関係学部に移る。最後の著書は八十歳のときであり、三年後の二〇〇五年九月六日に腎不全で逝去。八十二歳であった。

## 知られたくない生い立ち？

大野はなぜかその出自については話したがらなかった。

二〇〇三年の六月に二日間にわたってゼミの研究者ＯＢが回顧談を聞く機会を設けたが、そのときも「研究に限定するなら」という条件がつけられた。その冒頭、気を悪くされるのを覚悟で「先生の学問形成の背景を知りたいので」と断ったうえで、生まれ育った家庭環境について水を向けた。それまでにも実家の話や幼少時の話を聴く機会がほとんどなかったからだが、延べ七時間におよぶインタビュー（聴き手は肥前栄一、加来祥男、後藤俊明、高橋）のなかで家族については、兄一雄が同じ京大経済の谷口ゼミに属していたこと以外は、一言も語られなかった。大野自身による加筆部分でも木曽川町の山田国太郎陸軍中将の長女澄子との結婚と澄子の実家と経済学者山田盛太郎が本家分家関係にあることが記されただけで、大野自身の実家については触れられなかったのは奇妙ともいえた。

おそらく潔癖で「学問一途の人」である大野は、研究回顧談ならあるいは日本でのドイツ近現代史研究の発展に資するところがあるかもしれないが、私生活に語るに足るなにものかがあると考えたくなかったのであろう。しかし、それだけではないようにも思う。

一つには、学界での人間関係が血縁・縁故によるものと見られることへの警戒心が考えられる。大野が生涯敬愛しつづけた東大の山田盛太郎は夫人の縁戚であり、学者への道をつくった蜷川虎三は伯母の親友の夫であるという縁があった。彼らとの距離の近さ、とくに山田への傾倒を私的な縁続きと結び付けられるのが、そういうことにとりわけ敏感な大野としては避けたかったことなのではないか。それは山田について書かれたたった二編の文章（「想い出・断片」、「河上肇先生と山田盛太郎先生」）のどこにも私的な関係が記されていないことからもうかがえる。

もう一つは彼がゆたかな実業家の家に育ったことと関わりがあるように思える。

大野家は名古屋の地場の大手紡績業者であった。祖父直七が一八八八年に宮本屋の名で更紗販売を始め、次第に綿布全体に手を広げて一九〇二年には宮本物産合名会社となり、一九一六年には二代目市太郎が貿易部門を設立、一九二一年にはそれを別会社（宮本物産株式会社）化するとともに生産にも乗り出し、工場を建設した。その翌年に英二は市太郎の次男として生まれている。

大野の長女波多野みどりが大野から聞いた話では一家の邸は広大で、「名古屋で通ったどの学校よりも大きかった」という。描写にはことに禁欲的であった歴史家大野の言葉でなければ俄かには信じがたいほどである。二人の姉の嫁入り道具も、名古屋のこととはいえ、トラックに五、六台ぶんはあって、みどりのときは「簡単」でよかったと大野は述懐したという。

つまり大野は明治中期創業のブルジョワ家族の三代目なのであり、家業は兄一雄と弟泰三郎が継いで、病弱な英二は自由な生き方を認められた。長生きできるとは信じられていなかったので、子供のときから高価なカメラもレコードも好きに買い与えられた。男児でピアノをもっていたのは珍しかったのではないか。自身が有能な経営者でありながら趣味人であった二代目市太郎は本とレコードは、付けで買うのを息子たちに許していた。

それどころか一雄と泰三郎は車までもっていた。理系の兵役免除特典をねらって名古屋大学の理学部に入った泰三郎はルノーに凝って次々に車を買い替え、戦後不況で宮本物産が倒産した後はその縁でルノーの代理店の仕事を手伝って暮らしを立てることができたという。一雄は京大ではバスケット部の主将をつとめ、幻の東京オリンピックの選手にも選ばれたが、英二と同じく長身の美丈夫で、学生時代は送金の大半を祇園で費消したという。下宿をともにしていた英二はずいぶん迷惑したらしいが、それでも本の購入に響くことはなかったようで、私は学部学生の頃、お付き合いで古書店巡りをしたときには、店主の応対がちがった。「いまの学生さんは本を買いませんね」と言われ、けっこう買うほうのつもりだった私はくさったものだ。

## ブルジョワは罪か？

そうしたブルジョワ的出自へのいわば太宰治的こだわり――それは階級的負い目であったか、反発であったかはわからぬとしても――がマルクシスト大野にあったかもしれない。

後者について言えば、「ブルジョワ的」というのは大野が人を罵倒するときの常用語の一つであった。ずっとあとのことになるが、一時期親密にしていながら決定的に不仲になった松田智雄（ドイツ経済史・東大）にたいしてがとくにそうであった。ドイツ留学中の大野は松田が文化大使的役割を自認してよく開いたクラシックのリサイタルを入れた「ぜいたくな」パーティに反発したときなど、その言葉を勢い込んで使った。「彼はブルジョワなんだ」と。ただ、このさいの「ブルジョワ」は社会科学的な意味ではなく、「俗物」の意味であっただろう。

戦後の一時期は時代も「ブルジョワ」に逆風であった。のちの中国の文化大革命的な富裕層糾弾の空気がいくらかはあり、マルクシストのなかにはそういう雰囲気に鋭敏に反応する人もいた。共産党員の某教授が自著の著者紹介欄に「A県の貧農の出」と書いたが、じつは地主の出であったといった話はその頃笑い話の種になったものだ。しかし大野はそうした時流への迎合には無縁であったし、どうもひけ目の感覚があるようにはうかがえなかった。

そこで思い出されるのは、唐突なようだが、彼の『ブッデンブローク家の人びと』びいきである。当時大野はトマス・マンに傾倒していて、それは反ナチの姿勢への共感ということもあったが、とくにこのブルジョワ一家のサーガに魅了されていた。マンでも『魔の山』のほうがずっと好きな私は、ゼミのあとの雑談でいくどかそちらへと話をもっていこうとしたが、まったくのってこなかった。おそらく彼は、三代にわたる繁栄とかげりのブルジョワ一族の運命に共感を禁じえなかったのではないか。頑健な体質は虚弱に、現実的な思考は夢想に、有能な商人気質は芸術家気質にという移り行きに自己や周囲の人びとを重ねては、経済的市民から教養的市民への転化のありように思いを馳せていたかもしれない。しかし、そこには辻井喬（堤清二）が抱いたような自己の出自への苦い省察はなさそうであった。

だのになぜこだわるのか？

調べてゆくうちに、ああそういうことがあったのかと初めて合点がいくことがあった。宮本物産は兄一雄に経営されていたが、戦後比較的早い時期に倒産し、大野も分与を予定されていた財産を失った。兄弟仲がこじれたという噂が立った。それを経済学部の共産党員の教員が聞きつけて、「あることないことを言い立てて」いじめの材料に使った。一説には、大野は当時入党を執拗に勧められていたのに応じなかったからといわれる。少なくとも大野はそう認識していた。

大野は苦悩し、ときに精神的バランスを崩した。私は当時学生、院生として大野の漏らす言動の断片から事態の深刻さをある程度は推察していたけれど、家庭の内幕までが絡ませられていたとは想像も及ばなかった。入党勧請問題では岸本英太郎もいじめられて神経衰弱になったと伝えられた。この問題は学者としての大野の形成に重要な関わりがあるので後述するが、以来彼にとって「ブルジョワ的出自」が封印さるべき忌まわしいトラウマとなったのかもしれない。

## 愛知一中から八高へ

大野が私たちの質問に応じて口を開いた経歴は愛知一中に始まる。前記インタビューで、大野はこう語っている——。

愛知一中は、要するに軍国主義的な学校で……音楽とか芸術とか文化というものはあまり尊重しない校風でした。明治時代には坪内逍遥と二葉亭四迷がその前身の愛知英語学校に在学し、笹川臨風が愛知一中を卒業したのに、そうした人びとは取り上げられないで、大角岑生海相などが先輩にいると言われたりしていました。……京都の彫刻家清水九兵衛さんは例外的な存在です。清水君は身体が弱かったせいか、園芸部に所属していました。愛知一中はすべての生徒が運動部に属さなければならない皆部制で、どこの運動部にも入らない者は園芸部に入っていました。僕は身体が弱かったので、名古屋大学の勝沼精蔵先生に園芸部に行けと言われたけれども、剣道部を志望してはねられ、競走部へ行ったのです。幸い競走部に音楽や映画の好きな仲間を見出すことが出来ました。もちろん友人に研究者になっている者は多くいます。名古屋大学法学部の国際私法を専攻している山田遼一君、彼とは小学校から中学、八高まで一緒でした。竹本助手問題が生じたとき、法律上の問題についてはもっぱら彼の意見を聞きました。

愛知一中でとくに記憶に残っていることは、四年のときにヒトラー・ユーゲントが来日し、ここを訪ねたことです。全校生徒が歓迎し、校長は砂場で逆立ちなどしていました。……当時の噂では一高ではヒトラー・ユーゲントなど馬鹿にされ相手にされなかったということです。

中京きっての名門校としてはちょっとなさけない有様だけれど、「何々一中」といわれる学校はどこも似たようなものであったらしく、あとで登場するゼミ生重田澄男（静岡大学）の通った広島一中も神戸一中を模範としたという軍国主義の学校で、重田は教師になぐられて鼓膜を破られ、以来聴力障害に悩まされてきた。

例外は京都一中で、大野の二年後、軍国主義のいっそうひどくなった昭和十二年に京都一中に入った、これものちに出てくる三浦信（関西学院大学）の話では、当時としては稀なことに、在学中軍隊風のゲートルを着用せずにすんだし、街中で上級生と会っても知り合いでなければ敬礼しないですんだというから、名古屋と京都では同じ一中でも別世界であったのだなと思わせられる。

そういう校風に違和感を覚えた大野は映画でひそかに文化的渇望を充たした。四年のときから土曜の午後になると自転車で市中の映画館にかけつけ、洋画の二本立てを毎週、夏休みを入れると二年間に二百本以上の洋画を観たという。これが大野の欧米世界への窓になった。

五年間の中学生活を終えた大野は八高でがらりと変わったリベラルな空気に迎えられる。解放感に包まれた彼は入学時に『芥川龍之介全集』全十巻を古本屋で九円五十銭で買って全巻を読み通す。「一切の軍国主義的なものに対する批判的な見方が芥川を読んでからははっきり身についてきた」と言い、「高校全体がそうした雰囲気だったからだ」とも言う。

しかし、偉大な先輩である山田盛太郎や鈴木圭介（東大）、都留重人（一橋大学長）の世代の空気とはまた別であった。二十五歳年長の山田も「学校以外の書物を読むな」、「日の明るいうちは運動しろ」と言われ続けた保守的な愛知一中から解放されて、八高では文学や絵画、映画に夢中の青春生活を送った。同時に河上肇をつうじてマルクスへの関心をかきたてられる。だが山田が八高に入った一九一六年はまだ阿部次郎らの大正教養主義の盛期で（『三太郎の日記』は一九一四年）、河上の『貧乏物語』はその年に出た。彼が資本論を読み始めたのは東大に入ってからのことである。

その十三年後の都留や鈴木はマルクス主義のもっとも輝いていた、いわば社会科学の時代の子で、ともに反戦活動で八高を放校になる。父が東邦ガスの社長であった都留はハーバードに、そうした背景をもたぬ鈴木は立教大学に転じた。

さらに十年後、大野が八高に入った一九四〇年はマルクス主義が強権的につぶされて河合栄治郎らの昭和教養主義に移った時代で、大ベストセラーでありロングセラーであった『学生叢書』はちょうどその時期に刊行中であった（一九三六—四一年）が、大野の関心を捉えたかどうか。彼はこう括っている。「以前から野上弥生子が『迷路』で描いた二つの世代が念頭にありました。社会科学を通して見てゆく（都留らの）世代と、それから十年ぐらいたつと、もうそういうものの見方がなくなってしまって、つぶされてしまって、われわれの世代になるとシェストフの不安の哲学だとか、なにかそういうところから問題を見て行くという、社会科学からは閉ざされたような世代になっていました」。

だとすれば、芥川を読んだといっても、大野をひきつけたのは乃木将軍を風刺した「将軍」あたりよりも、晩年の作品に漂う終末論的空気、また社会主義への関心といっても、せいぜいがレーニンを指した「君は僕等の東洋が生んだ　草花の匂のする電気機関車だ」（『或阿呆の一生』）といった芸術至上主義の匂いのするせりふへの共感ぐらいであっただろうか。

## 戦中の京大経済学部

大野が京大経済学部をえらんだのはどういう理由からだったか。

「法学部に行く気はなかった。官僚は嫌いだったし、文学部は先生の影響で東大の独文を考えたこともあったが、文学者は無理と思った」と、大野はまず語る。

そうなると経済だが、京大にしたのは兄一雄が京大経済の谷口吉彦ゼミにいたこと、グリークラブで親しかったドイツ文学の碩学鼓常良が「経済学は京大のほうが先輩だから、別に東大に行く必要もないだろう」と助言したこと、指導教官であった国文学の小室由三が大の京都好きで、「大野君、君のような身体の弱い人間が東大へ行って座席争いまでして講義を聴く必要はない。京都はいいところですよ」とすすめたことなどがあった。ただし反対もあった。ヘッセやカロッサを教えてくれたドイツ語の藤本直秀は大野が京大へ行くと聞いて残念がり「東大の経済は壊滅したといわれるけれど、かならず若い良い人が残っているに違いない。京大は遊び人が多いから注意して、初めから研究室に残って勉強するつもりで」とはげました。

「東大の経済が壊滅したといわれる」というくだりには注釈が必要だろう。

大野が大学に入ったのは一九四二年十月だが、その三年前の一九三九年に東大経済学部では、いわゆる平賀粛学で河合栄治郎、土方成美の両巨頭が喧嘩両成敗のかたちで休職処分となり、それにともなって河合の側では山田文雄、木村健康が、土方の側では本位田祥男、田辺忠男、中西寅雄が辞職した。これらは河合を除いてはさしたる戦力低下とは思えないが、それに先立つ二十年がよくなかった。一九一九年の高野岩三郎の免官に始まり、翌年の森戸辰男、一九二八年の大森義太郎、一九三〇年の山田盛太郎、一九三七年の矢内原忠雄、三八年の大内兵衛、有沢広巳、脇村義太郎と人材を相次いで失っただけでなく、派閥抗争は経済学部の空気をわるくし、人材の確保を困難にした。

政治思想史の丸山真男は一九三七年に東大の法学部助手に、一九四〇年に助教授になったが、当時の法学部が経済学部に比べて別世界のようにリベラルであったと語り、「たとえば私が経済学部や文学部の学生だったら絶対研究室に残ろうとは思わなかったでしょうね」とはっきり言っている。リベラルな性向の大野がそんな状態の東大経済に行くのを好まなかったのは察するに難くない。

それでは京大経済学部の陣容はどうであったか。

大野が在学したのは真珠湾攻撃の十カ月後の一九四二年十月から敗戦直後の一九四五年九月までで、太平洋戦争にすっぽり納まる。無試験入学かと思ったが、二倍半もの競争率になった。英語の問題に経済学が出て、八高ではそういう勉強はまったくしていなかったので、しくじったかと思ったという。

彼が入学したときの教授陣は、小島昌太郎、汐見三郎、谷口吉彦、蜷川虎三、柴田敬、中川与之助、石川興二、作田荘一、松岡孝児、大塚一朗、徳永清行、高田保馬、静田均、穂積文雄、堀江保蔵の十五名、助教授には青山秀夫、中谷実、佐波宣平、出口勇蔵、白杉庄一郎、松井清、山岡亮一、田杉競がいた。全体としてはなかなかの顔ぶれといってよいだろう。とくに高田保馬、柴田敬は図抜けた存在で、柴田は独創的な理論家として海外でも評価されていた。都留重人は『現代経済学の群像』で七人の代表的な現代経済学者に日本人では安井琢磨とともに柴田を選んでいる。

大野が京大に来た意味があったと感じたのは田辺元の哲学概論、高田保馬の経済原論、蜷川虎三の統計学を聴いたときである。

なかでも田辺元の経済学部向けの哲学概論は大野の心を捉えた。否応なく戦場に駆り立てられる学生にとって生死のあり方を問う哲学は最大の関心事だったからである。しかし、一九四三年五月十九日、法経第一教室を埋め尽くした超満員の学生たちを前に「死生」について行われた第一回月曜講義で、田辺は、避けることのできない運命をただ耐え忍ぶのではなく、必然的なものを愛する姿勢をとるべきと説き、大野は、直面した戦争の性質や意味について歴史的・具体的把握なしにそれを「運命」として愛せよというのかと深い疑問を抱くにいたる。

高田保馬は一年が終わったところで六十歳の定年でやめたが、講義は「非常に面白かった」し「立派だと思った」。本も『第二経済学概論』をはじめ、五巻本の『経済学新講』などいろいろ読んだが、『民族耐乏論』や『貧者必勝』といった時論になると、「妙なものがくっついて」とても支持できないと思うようになる。むしろこれが高田の生地の思想だと思う。大野は八高時代に三木清の『歴史哲学』や田辺の『歴史的現実』などを読んで、歴史哲学に関心をもち、また西洋史の水川温二の中世史の講義を聴いて歴史に興味をもっていたが、そうした大野からすれば、高田には歴史的なものの見方がないことがわかってきて魅力を失った。そう大野は語る。

### 指導教授としての蜷川虎三

さて蜷川虎三であるが、彼は大野の人生にとって特別な意味をもつ存在となった。

蜷川は大野とは個人的なつながりがあった。といってもそれほどのことではない。大野の母方の伯母が早世してその夫岩田正作の再婚相手寿子が東京府立第三高女で蜷川の妻律子と親友であったという間柄である。寿子が英二の京大進学を知って、遊びに行くようにとすすめた。

大野は蜷川の講義のあと挨拶して「いちどお話をうかがいたい」と言うと、電話をかけてくるように言われ、恐る恐る行く。蜷川は当時四十二歳、すでに学部長であったが、ざっくばらんな人柄で、玄関のすぐ奥の掘りごたつの間で、夫婦が大野をはさむようにして四方山話を聞かせた。人物評にかけては辛辣をもって鳴る蜷川が並み居る学者を片端からなで斬りにするのを聞きながら、経済学の手ほどきを受けたという。

私が知った頃の大野が語る人物評は相当率直かつ辛辣で、大学の先生というのはこんな品の良い秀才タイプの人でも口が悪いものだなと思ったものだが、それはどうやら蜷川直伝であったらしい。ただ人柄というのはあるもので、大野はきびしい批評を口にしたあとはよく照れくさそうにこちらの顔を見て笑った。夫婦して掛け合いの猥談をポーカーフェイスで学生にも聞かせるという、アクのつよい蜷川とは質を異にした。

蜷川は河上肇の門下のマルクシストである。専門は統計学で、名著といわれた『統計利用に於ける基本問題』をすでに出していて、大野はそれをテキストとする講義を聴いて面白いなと思い、しかし、統計学に留まらず、広い学問上の影響を受けた。終生つづいた河上への敬意は蜷川との関係をつうじてつよめられた一方で、河上と対峙した東の雄である福田徳三も読めと薦められた。『流通経済講話』は面白いと。大内兵衛への評価も高かったらしい。

なにしろ大物である。このあと述べる戦後経済学部の総退陣の音頭をとって辞めたあと、中小企業庁の長官を吉田茂首相と喧嘩して辞め、京都府知事に転じて二十八年にわたって「釜座幕府」(京都府庁の異称)に君臨しつづけた口八丁手八丁の江戸っ子「虎さん」である。私も後年いちど京大での講演会で彼の独演を聞いたことがあるが、爆笑の連続で、下手な、いや上手な落語よりおもしろいと舌を巻いた。こういう人に大野は強烈な個人レッスンを施してもらったのだった。

蜷川は大野に大学に残ることをすすめ、どんなことをやりたいかを聴く。大野は「静田さんの工業経済論のようなことをやってみたい」と答え、それにたいして蜷川は、静田君もいいが、まず自分のところで勉強してからにしては、と助言し、大野はそれに従った。学部卒業の直前、一九四五年九月のことである。

## 敗戦から経済学部「総退陣」まで

しかし、それはじつに敗戦一カ月後という時代の大きな変わり目でのことであり、当然ながら事態は急変する。翌月には共産党の幹部──「獄中十八年組」など──が解放され、他方三木清の獄死が判明する。さらに十一月には東大経済学部に山田盛太郎、矢内原忠雄、大内兵衛、有沢広巳、脇村義太郎が復帰し、京大法学部でも瀧川幸辰、末川博、恒藤恭らが復帰した。河上肇を追い出した時局容認色の濃い京大経済学部に飛び火することは必至であった。

翌一九四六年一月、GHQで教職追放が日程に上っていると報じられたのにつづいて、一月三十日に受難の象徴ともいうべき河上肇が亡くなり、それを契機に戦前戦中の経済学部の姿勢がきびしく非難されるようになる。「死せる河上、生ける教授たちを走らせた」と『京都大学経済学部八十年史』が評した状況である。河上の通夜のさい瀧川幸辰が、河上辞任の際の経済学部の姿勢を非難したと伝えられ、新聞に教授たちを名指しての過去の言動を取り上げた卒業生の投稿が掲載されたりした。

そうした状況を背景に二月中旬経済学部教授のいわゆる「総退陣」という事件が起こった。

二月十九日、学部の全員会議で二つの重要な決定がなされた。一つは「教官協議会」の設立で、教授に助教授、講師を加えたこの会を今後学部の実質的な意思決定機関とし、教授のみの教授会はその決定を尊重して決議することになる。といっただけでは大学関係でない人は何のことかわからないだろうが、ポイントは人事まで助手以外の全員で決める、若い講師にも大教授と同等の発言権を与えるということで、たとえばえらい教授の招聘を決めるさいの審査に助教授、講師が当たることもあるわけだ。教授の人事権が絶対であった帝国大学の教授会にとっては革命的な「民主的」変革ということになるだろう。

同日の、その教官協議会で申し合わされたのが「総退陣」で、全教官は学問の自由を守る努力が十分でなかったことを反省し、辞表を提出する。蜷川学部長は辞任し、選出された新学部長に辞表の処理が一任されるという、思いきったものであった。

そのあとの教授会で新学部長に選ばれたのが前年に教授に昇格したばかりの静田均である。

彼はいわば「手を汚していない」ことと、公正誠実に（派閥的でなく）ことを処理するであろう人柄を見込まれたわけだが、たちまち学部内外の騒音雑音、各種各様の圧力に悩まされることになる。

そうしたなか、学外の福井孝治（大阪市立大学）、京大同期の古林喜楽（神戸大学）にも相談しながら、彼は自己の考えを通して、一カ月後に小島、汐見、谷口、蜷川、柴田、中川の六教授の辞表を受理する決定を下した。ところがこの決定に不満な白杉庄一郎助教授、有田正三講師、杉原四郎、河野稔両助手の四人が、自発的に辞職する。六人の教授と四人がやめたのだが、若手の四人はいずれも将来を嘱望された俊才ぞろいで、惜しむ声となぜやめねばならなかったのかという疑問が残った。

追っかけて五月七日にＧＨＱの直接罷免によって、石川興二（当時人文研所属）、柴田、谷口の三教授が軍国主義、超国家主義鼓吹の理由で追放となった。さらに秋には各大学の教職適格審査による追放が加わり、大塚、石川、柴田、谷口、中川が、また名誉教授では高田、作田、松岡、徳永が加わった。重複追放となったのは石川、柴田、谷口、中川であった。大塚が加わったので、学部を去った教授は計七人（石川も入れると八人）。静田が辞表を申達した六人中小島、汐見、蜷川はほかの追放には該当しなかった。

## 総退陣の舞台裏

そもそも総退陣などというやりかたはどこから、あるいはだれが言い出したのか。大野は当時詳しい事情はまったく知らなかったが、あとでいろいろ文献を調べて、こういうことと理解する――白杉、有田と堀江英一講師の三人が中心になって「静田学部長」による再建を考え付き、三人で蜷川学部長に会って申し入れた。蜷川は提案を受け入れ、率先して辞表を出し、会議に総退陣を提案したということのようだと（上記インタビュー）。

しかし、ちがった見方もある。たとえば森嶋通夫は、仕掛け人は蜷川で静田が自分の言いなりになると信じていたが、当てが外れたのを知ると、一部の助教授、講師に蜷川復職運動を起こさせた。このことを知ると潔癖な静田はこれらの助教授、講師をも辞職させてしまったというのだ（『智にはたらけば角が立つ』）。

森嶋の見方はおそらく当時流布されていた噂を鵜呑みにしたもので、正しくあるまい。静田が助教授、講師を辞職させたというのは乱暴な言い方で、せいぜいつよくは慰留しなかったということなのだろうし、そもそも蜷川が真の仕掛け人という説は関係者の証言（未公開の日記類を含む）から見る限り怪しい。堀江英一は回想録のなかで総退陣案は白杉、有田と自分で練り上げ、三人で蜷川の同意を得たと書いている（『私の記録』私家版、一九七三年）。白杉の未公開日記はややニュアンスが異なっていて、自分は初め「粛学」（意味は必ずしもあきらかでないが、学部の自主的決定による不適格教授の追放）を考えたが、討議の末堀江の提案である総退陣に同意し、そのうえで蜷川に提案したとしている。にもかかわらず蜷川が仕掛け人という噂は当時盛んに飛んだようだ。なにしろ蜷川は剛腕で知られていた。またおとなしい静田を従わせることができると、蜷川自身は自信をもっていたかもしれない。

これは静田から直接聴いた話であるが、静田の学部再建の方向が蜷川の思惑とちがった方に進みつつあったある日、静田夫人が蜷川夫人になにかのあいさつで寄ったことがあった。蜷川はその機会を捉えて、夫婦して静田が誤った道を取っているのだということを徹底的に説得した。静田夫人は京都府立第一高女を首席で出た才媛の誉れの高い人であったが、海千山千の蜷川にとってそういうお嬢さんほど御しやすいものはなかっただろう。ともあれ彼女は夫がその名望を棒に振りかねないとんでもない間違いを犯そうとしているのをなんとしても阻止せねばならぬと決意して帰宅し、静田と話し合おうとしたが、静田は公のことに妻が口出しすべきでないと拒否したので、逆上した彼女は書斎に逃げ込んだ夫を追って、顔に深く爪を立てた。

事態の深刻さを悟った静田はなまなかなやり方ではどうにもならぬと咄嗟に判断、正直な彼としては一世一代の芝居を打つ。これはまったくの秘密だが自分には内心秘策があると妻を満足させる中味の創作を聞かせたのである。夫人は納得せず、あなたの言うことが本当だという証拠なり証人はいるのかと問い詰めた。窮した静田は穂積（文雄）さんが知っていると述べたところ、夫人は翌朝いちばんに静田が起床する前に穂積邸を訪れ、裏をとったという。それで夫人は納得したわけだが、なにも知らない穂積がどうして夫人を納得させることができたのかは、静田にとっても謎であったらしい。

穂積が勘よく事情を察して適当に話を合わせたということではない。そのあと穂積は静田に「ご主人思いのいい奥さんですな」と感にたえたように語ったという。夫人はもちろん、夫が信用できないから貴方に本当のことを聞かせてほしいなどと言うわけがない。作り話をして探りを入れたのであろうから、それへの穂積の無邪気な応答がどうして夫人を満足させるストーリー解釈を与えることになったのか。

不思議な話だがその答えは、こういう言い方がゆるされるなら、穂積が天然ボケの人であったところにあると私は思っている。一年のとき彼の文学部向け経済学の講義を聴いたが、それは言いようもなくとぼけた味わいのもので、終始天井の一角を首を傾げ気味ににらみすえながら、一回に二十分ぐらいずつ「収穫逓減の法則」などという現在の経済学的関心からは迂遠なテーマについて毎回少しずつずれた内容を語る。あとはすべて漫談である。ちょっと名優ルイ・ジュベに似たポーカーフェイスで、皮肉なのか真面目なのか、表情からは読み取りにくい。しかし、どこか温かみはあって、一種アイロニカルな空気をただよわせる。よくまあ、これで一年もたせるものよと、その芸に感嘆した。専門は東洋経済思想史というが、老荘の経済思想なんてものが仮にあるとすれば彼にはぴったりではなかろうかと空想したものである。静田夫人は十分嚙みあわぬままになんとなく煙に巻かれ安心させられたのではなかろうか。

そうした奇妙な人間ドラマを織り込みながら、総退陣劇は幕を閉じ、蜷川は一九四六年三月末京大を去る。蜷川が京大にそれほど執着があったかは疑問である。もともと彼は「大学教授をさせておくのがもったいない」と言われるやり手であったうえに、留まるには風向きもかなりわるかった。総退陣の引き金になった毎日新聞への「昭和十五年谷口ゼミ卒業生」の投書（一九四六・二・一二）は、蜷川にとりわけきびしい内容で、

（谷口は経済学を軍部の御用学問として築いた有力な一人だったが）戦後時局便乗的言辞を弄せず沈黙を守っていることをせめてもの幸いと思いますが、自余の諸先生、殊に蜷川先生は戦争中あれほど軍国主義に便乗していながら戦後逸早く新聞に講演に京大民主主義の一手販売家の如く振舞っていることは憤慨に堪えません。

と痛烈をきわめた。その八日後に総退陣が一挙に決まる。大野は指導教授を失ったわけだが、彼の眼には事態はどう映っていただろうか。

前記インタビューによれば大野はざっとこう考えていた。まず蜷川が戦争責任で辞めねばならぬとは思わない。戦争責任についてはＧＨＱの審査も学内の審査もクリアしているし、静田の決定の大き

な要因である河上辞任の教授会決定についても助教授としてドイツ留学中で、まったく関与していなかった。だから静田も蜷川に留任を要請した。だが辞意が固い。学部長として率先全員の辞表を取りまとめたのだから、やむをえまい。

しかし、白杉、有田、杉原、河野の若手四人については辞める根拠がないのだから、いかに意思が固いといっても静田はあくまでも説得して辞表を返却すべきだったと思う。なぜしなかったか、そこが理解しにくいと大野は言う。

## 総退陣余話——師弟関係の危機

では静田はなぜ「あくまで説得し」なかったのだろう。森嶋の言うように彼らが蜷川の復職運動を起こしたからか。それともそれぞれの理由でどうしても辞めたかったのか。これは些細な問題に見えてじつは戦後京大経済学部の運命を決した大きな岐路であると私は見るので、もうすこしこだわるのをゆるしてほしい。四人のうち杉原四郎を除く三人は故人であるが、関係者の証言などもあり、とくに白杉は詳細、率直な日記を残している。私は長男剛の好意で、おそらくは公開を前提としないで執筆された、この貴重な新史料を利用できた。その分あたらしい事実を掘り起こすこともできたように思う。

総退陣による学部再建策の仕掛け人の一人であった堀江英一がなぜ白杉らと袂を別って京大に残ることになったか。堀江自身が二十七年後に還暦を前にして語った前出の回想『私の記録』によればこうである。

（静田の学部再建は）困難をきわめた。戦争協力者とそうでないものとの境界線をどこに引くかということ自体がむずかしい問題であったが、教授の先生方も追放さえなければ残留したいという気持も濃厚であり、静田先生に辞表却下を迫った先生も何人かあった。――派閥意識が再燃して、助教授・講師・助手層までが自分の先生だけは残そうとした。（総退陣案をともに練った）白杉さん・有田君とわたしまでが訣別しなければならなくなった。わたしは谷口先生が辞職を決意していたので先生を守る必要はなかった。――静田先生は慎重な方であったが、一か月ちかい苦慮のすえ、かなり思い切った決断をくだした。白杉・有田・河野・杉原の諸君はこれを不満として学部を去った。


つまり、辞職の意が固い谷口の門下生である自分は派閥的思考から解放されていたが、白杉、有田らはそうではなく、師を留任させようとし、それが叶わなかったのを不満として辞職したというように読める。はたしてそうであったか。白杉の日記からはちがった構図が浮かんでくる。

白杉は河上門下の逸材であった石川興二の弟子であったが、石川は当時その思想傾向が問題になって経済学部から人文科学研究所に配置換えになっていた。石川自身は経済学部への復帰を願っていたが、そもそも彼の思想は相当右寄りであるのに枢密院あたりで左翼と誤解され問題視されるという奇妙な状況からそうした措置になっていたので、学部で歓迎されるような空気はまったくなく、それを承知している白杉はドンキホーテ的な師を傷つけないために苦労して彼を抑えていた。思想的にも石川とはまったく相容れなかった。呼び戻すなんて考えられないことだった。

白杉が奔走したのは石川のことよりも「粛学」、つまり戦争協力教授の追放と学部スタッフの質的向上をはかるという青臭いと言ってもいいほどの、気負った大義があったからで、そのためには実力と対外的にも発信力のある柴田、蜷川は、よしんば考え方はちがっても、留任させねばならぬと考えた。それを「派閥的」というなら私は「正義党」だと彼は書いている。中央突破を狙う剛球派の論客である彼には「総退陣」といったもって回った策はどうも性に合わなかったのではないか。説得力にも自信があったのだろう。日記を読んでいると、教官協議会で何某をぺしゃんこにやっつけたといった血の気の多い記述が幾度も出てきて、ああ書生流だなと思う。辞めたのも堀江、有田とともに蜷川に総退陣案を呑ませたとき、蜷川が辞めるのなら自分も辞めると決意を示したのをそのまま実行したのである。「坊ちゃん」的である。同席した堀江がどう言ったかはあきらかでないが、白杉は彼に寝返られたと書いている。

堀江が白杉らの「派閥的行動」を理由にして袂を別ったと言い立てるのは、したがって、顧みて他を言うの嫌いなしとしない。それどころか、日記では堀江が初めから蜷川を追い落とすつもりで、もともと蜷川とも柴田とも反りの合わぬ静田を新学部長にもってきたのだということが途中でわかったとか、また幕開けになった新聞投書も堀江がつくって島（当時人文研）から内田穣吉の線で流れたものだとかいう蜷川からの情報が記録されている。白杉自身のコメントはない。突然内田の名が出たりするところは妙にリアリティが感じられはするが、しかし、その辺は憶測でしかなかろう。白杉はまた当初静田を信頼していたが、静田が蜷川に対しては警戒心が先立ちすぎ、柴田には同期でありながら学者としての名声ではるかに引き離されたことへの嫉妬の感情があるのではとも思い至るようになる。たしかに私の見た静田もいわゆるやり手嫌いである。しかし、これまた静田がそうした動機に動かされて行動したという結論には導けない。

私がこのような書かずもがなの内幕に立ち入るのは、公刊された当事者の証言が、堀江のばあいは白杉、有田の行動を師の留任運動と見、森嶋のばあいはそれを蜷川がさせたと見ているのにたいして、白杉の日記を読む限りではちがったシナリオも十分可能だと指摘しておくのがフェアではあるまいかと思ったからである。

それにしても重苦しい話で、とりわけ堀江陰謀説は陰惨である。私は堀江トリックスター説、つまり彼はじつは悪辣な策謀家というよりは自分でも制御しにくい衝動にかられて大して得にもならぬのに手の込んだことをやってしまう人物なのではないかという仮説を捨て切れないのだが、オマエは甘いと言われる。そういう一面もなくはないが、やはり本質は、目的達成のためには手段を選ばぬ政治的人間だというところが大方の見るところか。しかし、ここではそれ以上は立ち入らない。総退陣の顚末を締め括るに当たって、一つ救いを感じたエピソードを紹介して終わりたい。

杉原四郎のばあい

それは辞職組中もっとも若く、だれしもがまったく辞任する理由を見出すことができなかった二十七歳の青年助手杉原四郎のばあいであった。なぜ彼が辞めねばならなかったのか。彼の指導教官は柴田敬であったが、彼が圧力をかけたのか。もっぱら師への義理立てだったのだろうか。

私は思い切って八十九歳の杉原に連絡を取った。彼の数多いエッセイのなかでも直接総退陣に触れた文章がなかったからでもある。

杉原は快く話してくれた。自分もその辺のことを書いてみようと思っていたところだと言いながら。杉原と私の関係については後述しよう。

彼は柴田敬に傾倒していた。

「あんな頭のいい人は見たことがない」と、頭のいい人とはイヤというほど付合いがあったはずの、自身稀な秀才の杉原が言う。戦争も終わりに近い季節はずれにマルクスをやりたいと相談した杉原に「訓詁学的なマルクス研究なら意味がないが、そうでないのなら応援するよ」と励ましてくれる温かみもあった。均衡論的な資本論の読みの深さには自負の念をもっていて、頼もしい「背中」を見せてくれていた。二十代から次々と国際的にも認められた独創的な理論的業績を出していて、オスカー・ランゲやシュンペーターとも親交があった。

しかし、「頭のいい」人の落とし穴というべきか、自分がやらねばという使命感に駆られた柴田は、理想家的肌合いもあって「政治」の領域に足を踏み入れた。経済体制の「革新案」など時局発言も積極的にし、のちには「平和主義的な」高級将校と組んで戦争収束工作に励むが、それが災いして、GHQから追放命令を受ける。ただ、このパージについては彼の友人でデューク大学のブロンフェンブレナーは「同僚の嫉妬とわが占領軍の過労による失錯のせいで、不公正にもパージされた」と糾弾したそうで、都留重人もそれを引きつつ「誤判があったのではないか」と述べている。

杉原がもう一人師と仰いでいたのは石川興二門下の前記白杉庄一郎（経済学史）であった。家が近かったので、ほとんど自宅に日参して十歳年上の白杉に「個人指導」を受けていたという。また蜷川門下で統計学の有田正三は年齢は近いが、カリスマ性がつよい万能選手で、マルクスを経済学だけで捉えてはならない、哲学的側面を学ぶべきだと語って杉原につよい刺激を与えた。

総退陣でこれら三人がすべて京大を離れることになったとき、杉原は京大にいる意味がないと感じたという。三人のいない経済学部は「がらんどう」に見えたともいう。師に殉じるなどといった大げさな気持ちではなかった。ただ「もう、あかん」と、二十七歳の杉原は思ったというのである。

それに、と彼は付け加える。自分は研究室でスミスやミルを読んでいるばかりで、敗戦の前年に軍隊に入って初めて世のなかを知り、自分のこれまでが世間知がなくても生きていけたのは特権的立場があったからだということを実感した。にもかかわらず仲間の兵士たちの寄せてくれた意外な好意や期待の底には「彼らが与えられたものとしてうけとるほかはない命令の、しかもそれに命をかけて服従しなくてはならない命令の道義性と合理性とを究極において保証してくれるこの国の学問への痛切な期待と信頼」があるからではないかと反省し、マルクスをとおして個人の生き方の問題、学問の使命を問おうと考え始めたばかりのところであった。そうしたなか、信頼できる師友の支えなしに特権的な地位にへばりつくことにいかなる意味があろうか。と、そう思ったのだというのが杉原の答えであった（詳しくは「戦中派のマルクス」、『読書紀行』一九七五年）。

## 東西師弟関係比べ

きれいごとにすぎると思われるかもしれない。しかし、同種事件での大学教員たちの身の処し方と比べれば鮮烈な対照であることはたしかなのである。たとえば一九三九年の東大の平賀粛学、すなわち経済学部の河合栄治郎、土方成美の喧嘩両成敗的休職措置にたいする抗議の辞職に、それを見ることができよう。

河合の陣営では教授の山田文雄と助手の木村健康が辞職した。留まったのは講師の大河内一男と助手の安井琢磨であった。しかし当初は、残留した二人、とくに大河内は強硬辞任派であった。山田の回想によると、山田がいまは踏み留まって先生の去ったあとの経済学部を守ってゆこうと述べたのに対して、大河内は「先生なきあとの学部は無に等しい。残留を考えるなど心外」と強硬意見を述べ、木村、安井も同調し、山田も若い三人が留まらないのなら自分が残る意味はないと考え、残留の意思を撤回した。

しかし、平賀総長の若手への辞表撤回の説得にあって、三人は意見を交わす。木村だけが辞職貫徹で、大河内と安井は残る方が先生の主旨にもそうのではないかと、揺れた。一つには以前河合はもしも自分が処分されたときには山田以下四人は大学に踏み留まって学問の志を遂げるよう説いたことがあるからだ。意見がまとまらず三人は河合に相談した。

大河内の回想（『社会政策四十年』）によると、河合はこう言った。絶対に辞表を撤回してはいけない。土方派と一緒になって辞意を翻さなかったら経済学部は崩壊してしまい、総長は大量辞任の責任をとらされ、われわれは勝利する。君たちは必ず助教授になれる、と。もし辞表の撤回をするなら以後関係を絶つとも言った。大河内はこのあまりにも「政略家」的な河合の態度に啞然として、帰り道は涙が出てとまらなかった。そして辞表を撤回することに決意した、と。

これこそきれいごとにすぎるのではないか、と私は思った。この事件における教官たちの出処進退をあざやかに腑分けして見せた竹内洋（『大学という病　東大紛擾と教授群像』）が言うように、三人にとって東大教授への道の誘惑は大きかったはずであり、それに劣らず有能な彼らは学問を順調につづけたかっただろうし、それには東大の図書をはじめとする施設・便益の誘惑も大きかったであろう。またそれに付け加えるなら優秀な学生を育てる魅力も無視できなかったのではないか。とくに大河内は彼の名を冠した「山脈」といえるほどの豊饒な人材を世に送る教育者としてのふところの深さもあった。そうした社会的な役割への自負の念がつよければ、それだけ師への情誼のはざまで苦しむことになる。

実際、大河内、安井は大をなしたが、木村は「河合門下の三羽烏」と謳われながらさしたる業績を残さぬまま生涯を終わった。彼は戦後東大の教養部に復帰したが、東大を離れた六年間がどう影響したのであろうか。

大河内のばあい、ここまで師の醜さをさらけさせてまで自己正当化を図らなくてもいいのではないか。「ぼくはどうしても学問をつづけたいから、先生の意に背くことになるけれど大学に残らせてもらった」と言ってよかったのではないか。河合が「政略家」的態度を見せたとき大河内はあまりの情けなさにショックを受けただろうが、同時にひそかにこれで辞表撤回の口実が見つかったと、ほっとしたかもしれないと、底意地悪い老タカハシは、これまたひそかに考えるのである。のちの大学紛争における大河内学長を知ってからの後知恵であるかもしれないのだが。

それでも河合の弟子たちはともかくも恰好をつけることはできた。竹内洋は山田文雄についてはぶれることのない、みごとな進退であったと評価している。しかし同時に彼が困りものの無能教授であったことも指摘し、彼にとっては退陣が大学の自治と恩師河合に殉じるという大義をかりた花道ではなかったかという「残酷な解釈」への誘惑を禁じえないとも書く。

土方派の助教授・助手はもっとひどかった。全員が辞表を撤回して残留するが、河合派とちがって見るべき人材に乏しかった。こちらは無能なるがゆえの保身ともいえる状況が支配していたのである。

これに比べると七年後の京大経済学部の人びとの出処進退ははるかにましであった。河合のように抱き合い心中を迫る教師もいなかったし、辞めた側も東大のように師に殉じるというのではなく、白杉のように信条に、あるいは杉原のように個人の生き方に忠実に、慰留を振り切って大学を去った姿には、むしろすがすがしいものがあった。白杉、有田は滋賀大学に、河野は関西大学に、杉原は兵庫医大予科に移った。

しかし、きれいな進退には大きな代価がともなった。白杉ら四人を失った京大経済学部は大きな可能性を奪われた。重商主義に始まる経済学史研究からマルクス価値論、独占理論に及ぶ白杉の五十一年の短い生涯を駆け抜けた精力的な業績、ミル、マルクス、河上肇を中心としつつ日本経済思想史研究から書誌学に及ぶ杉原の多彩で鋭利な業績群を瞥見するだけでも、いかに失われたものが大きいかがわかるだろう。そればかりではない。彼らを失ったことは学部の性格、気風にも少なからぬ影響を与えた。リベラルな、あるいは非政治的マルクス経済学陣営は出口勇蔵、岸本英太郎のみとなり、島、松井、堀江、吉村、木原ら党員経済学者の実質的支配体制がやがて整うことになる。

大野はふり返ってこう言う。

——京大経済学部は小粒になって昔のような対外的発言力も持たなくなった。ただ、戦後の新しい雰囲気で、何か、もう今までのいろいろな対立を一切やめて、新しくやっていこうという新鮮な空気はあったのだ。はじめはね——と。そうした状況のなか、大野は助手になり、昭和二十五（一九五〇）年一月には講師、そして同年六月に助教授になって、翌年四月からゼミが始まった。テーマは「独占の理論と歴史」であった。

## 第三章　ゼミ始まる

### ゼミの面々

五月十四日（一九五二年）になって大野英二ゼミナールの二年目、私には最初のゼミが始まった。新入生は六人（途中で一人ふえる）と小人数で、前年来の第一期生との合同ゼミであった。

この上級生には四年生（京大の慣習にしたがって以下四回生と呼ぶ）七名だけでなくそのうえに旧制の三回生六名が含まれていた。両者合わせて十三名。この年齢の一、二年の差は大きく、また上級生には川本和良（立命館大学――以下主な経歴のみを記し名誉教授号は省く）、玉垣良典（専修大学）、箸方幹逸（東京経済大学）といったのちに学者コースを歩む人たちのほか、松尾泰之（通産省）のような秀才もいて、初めはこりゃちがうぞと緊張した。松尾の最終報告などは、大野と対立する労農派的考えに立つことを前置きしての堂々たる内容のもので、先生も一目置かざるをえなかった。

二年も上の上級生がいるのは、大学院生がいるのと似た心づよさとこわさがあり、しかし院生とはちがった仲間的気安さもあった。もっとも玉垣や箸方、それに棚橋満雄（徳島県立図書館）はすでに学生運動、政治運動にのめりこんでいて、ゼミにはあまり顔を出さなくなる（玉垣は掛けもちの豊崎ゼミの方が中心だったこともあってか、初めから出ていなかった)。他方では新入生側にも重田澄男(静岡大学)や岡田実(三菱重工)といったシャープな論客が混ざっていて、話はときに先生がムキになって言い募らねばならぬほど活発になる。重田は山口高校時代から学生運動で鳴らしていて、工学部に入ったが運動が忙しくて経済学部に移ったという剛の者で、こちらとはレベルがちがった。

師弟関係を考えるとき、ともすれば先生の方に眼がいきがちになるが、たいていのばあい、より重要なのは教え子の方である。メッセージの送り手だけを見るのでは見誤る。受け手側の能力、感性、意欲をぬきにしてメッセージの意味や質を論じることはできない。同じ先生でも教え子が何者かによってまったくちがった関係が成立する。

イギリスに滞在していたとき政治思想史の藤田省三と話したことがある。政治史の、日本語の堪能なゴードン・ダニエルズが一緒のときで、藤田は唐突に「弟子」とは英語でどういうのだろうとこちらに問いかけてきた。「さあ、場合によるが、『出家とその弟子』の「弟子」だったら disciple ですかね」と答えたら、彼は不満なようで、そんなことはわかっている、あれはキリスト教の十二使徒からきた言葉で宗教的な意味が濃いから、ふつうには使わない、ぼくは pupil だと思うな、といつもの独演調であった。「ダニエルズさん、どう思う」と水を向けられた氏は口ごもりながら、ふつうに student でいいと思いますよと答え、藤田は不満そうだったが、話はそれ以上進まず、食事になって終わりがけに不意に「今日の新聞(朝日)を見たか」と訊かれる。「丸山(真男)先生が全共闘の学生に吊るし上げをくらった、貴様といわれたそうだ、へん、ベートーベンなんか聴きながら学問しやがって、と罵声を浴びせられたりしたそうだ、丸山先生がだよ」と痛憤やるかたない様子であった。

ああ、それでと納得するところがあった。ちょうど一九六九年春のことで、丸山の愛弟子であった藤田は私と同じくシェフィールド大学に滞在中で、学園闘争の成り行きが次第に進歩派批判、とくに恩師丸山を標的とする方向に進みつつあることにやきもきしていた。同門の藤原弘達（明治大学）のように師の批判を先導する動きさえあることに、どうなっているんだといらだっていた。そしてついに丸山が全共闘学生に暴力的に拘束されたのである。彼はやがて入院し、東大を辞める。

学園紛争は師弟関係にもさまざまの変質を生み落としたが、一つ確かなことは「師」の方にではなく「弟子」の側に変化があったことだろう。丸山は変わっていないが、教え子は変わった。その思いが藤田に「弟子」とはなになのかと自問させたのではないか。pupil になぜこだわったかはわからぬが、考え込まされた。なぜ考えさせられたか、終章で述べたい。

テキスト――何といっても『分析』

ゼミの論題は「独占の理論と歴史」であった。のちに「比較社会史」のパイオニアとなる大野は当時から「比較」好きで、いきなりわれわれを「独占資本の構造比較」のための研究分担と称して、できる語学別に国を割り振った。高校が文丙であった宮永昌男はフランスを、文甲の私はイギリスを割り当てられ、ほかはドイツか日本になった。大野は棚から数冊の原書を運び出してきてどさっと私の前に置き、これを読みたまえと言い渡した。四年の秋からの報告のタネ探しにというわけだ。なかにはC・K・ホブスンの資本輸出論やハーバート・フェイスの国際金融史のような未訳の基本書が入っていた。いまから考えると研究者志望でもないのに乱暴な話である。私は入れてもらいたい一心でなにか買いかぶられるようなことでも口にしたかとうろたえ、しかし、ああこれがゼミなのだと興奮したのである。

しかしそれは個々のメンバーのための「宿題」であって、毎週のゼミはテキストの輪読から成っていた。テキストの選択には当然そのときの大野の関心が映し出される。最初のテキストは三カ月前に出たばかりのモーリス・ドッブ『資本主義発展の研究』の抄訳・解説本（『ドッブ経済学解説I』春秋社）であった。なぜそんな抄訳ものなどを？　というかすかな失望と疑問があったのだが、大野の意図は当時経済史で話題になっていた封建制から資本主義への移行についてのドッブとポール・M・スウィージーの論争を学ぼうというにあり、また抄訳を使ったのは原著の全訳が翻訳権の関係でおくれたからであるらしい。大野は原著の読書会に参加していて発表も行っていた。

この論争には高橋幸八郎、増田四郎、宇野弘蔵、林健太郎らも参加し、講座派系がドッブを、労農派系がスウィージーを支持するという構図となった。大野はおそらくドッブ＝スウィージーの「代理戦争」をつうじて講座派と大塚史学の基本的な主張とその正しさをわからせようとしたのであろう。

それを足場にして、次には講座派の聖典ともいうべき山田盛太郎『日本資本主義分析』（一九三四年）にかかる。大野は幾度もくりかえし精読しているはずであり、汲めども尽きぬ泉をわれわれとともに味わいたかったのであろう。
しかし、こちらはそうはいかなかった。これはいろいろな意味でたいへんな本であった。まず味わうまえに噛み砕くこと自体がむつかしかった。私はこの難解をもって聞こえる書も、先生を含め皆で読めば何とか征服できるのではないかと期待していたのだが、わかったのはせいぜい「ナポレオン的観念」が「天皇制」を指すといった、すこし論争史をかじったことのある人間なら誰でも知っている程度のことでしかなかった。それがわかっても歯が立たなかった。たとえば——

日本資本主義の、軍事的半農奴制的性質並にその顚倒的矛盾の浸透。即ち。その特徴的なる統率下に半隷農制的現物年貢取得者と統合せる当該ブルジョアジー自体の軍事的地主的性質並にその微脆性の特質。かくの如き関係の下においては、『ナポレオン的観念』と『家長的家族制度』とが二層窮隆として現はれ、かくして茲にその二重の基礎原理が形成する。該二層窮隆、二重の基礎原理、その必然とその制約と。これが問題の要点を形づくる。

といった文章。「問題の要点」といわれても、こんな暗号文のような文章ではなにが問題かもわからないのである。さらに暗号文の解読にすこしずつ慣れてきても、もっと厄介なのはその中身が正しいかどうかを判別する能力がこちらにないことで、にわか仕込みにと小山弘健や内田穣吉の論争史を必死に読んだが、詰め込めば詰め込むほど混乱するばかりであった。

当然「論敵」の主張も知らねばならないから、労農派を代表する新しい顔である大内力の『日本資本主義の農業問題』を読んでみたところ、これがじつにみごとなでき栄え、わかりやすくて説得力があり、どうもこっちのほうが歩がいいのではないかという気がしてきた。

そんなときに報告の順番が回ってきたので、先生のご機嫌をそこねるのを半ば覚悟で、というよりはいたずら気分で、大内の『分析』当該箇所への批判をすこしアレンジして発表した。司会がたまたま重田澄男で、私の意図をすぐ察して、にやにやしながら声を張り上げ「いまの高橋君の報告は『分析』の弱点を完膚なきまでに暴きだした画期的な問題提起で傾聴に値すると思われる。大いに論じ合おうでありませんか」とアジったから、たまらない。慣例上はゼミ生の意見がひとわたり出たあとになって発言するはずの大野は憤然として身を乗り出し、「高橋君の言うことは全部ナンセンスだ」と一刀両断、いかに私の議論が謬見にみちた、取るに足らぬものであるかをたいへんな剣幕でまくしたてた。このときわかったのは先生が本気だということだった。本当にむきになっていた。

## 『分析』とはなにか

『分析』は晦渋さで私たちを悩ませたが、それでいて不思議にわれわれを惹き付ける力をもっていた。「生産旋回＝編成替へ」（繊維産業）、「旋回基軸」（重工業）、「基抵」（農業）、「惨苦の茅屋」（農家の副業や問屋制家内工業）、「二層究隆」（天皇制と家長制的家族制度）といった用語法は単に検閲を考慮した「奴隷の言葉」に留まらない呪術的な迫力で心を躍らせた。そこにはなにか未知の、開示をもつ神秘の扉へのカギがあるのではないかと思わせたのである。ゼミ生は通算十三号の機関誌を出したが、その最初の、私の学部生時代の二回の誌名は、『旋回基軸』で決まりであった。「惨苦の茅屋《ヤンマーヘーレン》」も一部人気を集めたが、それではゼミが苦役のみということになるのではと、さすがに敬遠される。『分析』の構成と文体のもつ魔力の秘密はじつに刊行の七十四年後になって出現した寺出道雄『山田盛太郎　マルクス主義者の知られざる世界』によって、思いもよらぬ角度からあざやかに解き明かされることになる。

寺出は『分析』をもってアヴァンギャルド芸術の作品として社会科学と芸術との融合を目指したのだとする。社会科学ではこんにち数学的方法がしばしば用いられるが、たとえば天皇制といったそれが使えない部面では芸術的方法を積極的に借りるべきだと、山田は考えて、当時日本でも紹介されつつあったロシア構成主義の手法を『分析』に取り入れた。日本資本主義の全体構造を回転・昇降する立体模型として提示し、「型」の編成・分析・分解をとおしてその、生成から没落にいたる全生涯を感性的な鮮明さで描ききったのだという。また文体面では、もう一つのアヴァンギャルド芸術運動である未来派の「自由語」の句読法や記号法が入り込んでいるのだと。

私はこの若い未知の著者の警抜な着眼に感嘆しながら、これまた唐突なようだが、ショスタコーヴィチの第一シンフォニーを思い出していた。『分析』より九年前に書かれたこの颯爽たる作品には「革命の芸術」は「芸術の革命」でなされねばならないという気概がみなぎっていて、前衛的な音楽文法が散りばめられていた。それが一九三六年に党の批判を受けて翌年には社会主義リアリズムの第五交響曲へと後退する。

『分析』の構成・表現のアヴァンギャルド性が長く認められなかったのは、主として山田自身が自著に寡黙であったからだが、それは、彼の性格でもあったろうが、一九三〇年代半ばから第二次大戦後も長くマルクシズム陣営の知的風土がそれを受け付けなかったからではないかとも思う。寺出の読みが、たとえば『分析』が岩波文庫に入った一九七一年にあきらかにされていたなら、マルクス経済学者たちはどう反応したであろうか。ただ、大野が生きていたら、おそらく十分好意的に受け入れたのではないかという気がする。文化的背景に共通するところがあるからだ。そのことはあとで触れる。

ゼミ進む

ゼミは二年目にはいると近藤康男編の『硫安』、ヒルファーディングの『金融資本論』と、読み応えのある本につづけて取り組む。二年前に出たばかりの『硫安』は「日本資本主義と肥料工業」という副題の示すように、農業と工業の接点である肥料に視点をさだめて、当時ホットな話題であった鋏状価格差などから切り込んだ力作で、ゼミはこのあと加古川の別府化学と多木製肥所の工場見学にも出かけた。

『金融資本論』はレーニンが『帝国主義』を書くに際して、ホブスンの『帝国主義』とともにもっとも参考になったとしながら批判的なコメントも残していることで知られる古典的な作品である。大野は書き終えたばかりの連続論文（のち『ドイツ金融資本成立史論』の第一部）作成のために相当読み込んでいて、かなり自信をもって選んだテキストだったと思う。ただ、私たちの頭にはレーニンによる「流通主義的」偏向という烙印がやきついていて、それを大野がどうさばくかに興味があったのだが、彼のスタンスはあきらかにせずじまいだった。レッテルの吟味より中味の勉強の方が肝心と言わぬばかりに。

二年目のゼミには土田進（富士銀行）のように新制高校で学生運動を経験してきた早熟な秀才たちが入ってきて、あたらしい刺激が生まれる。その翌年には福応健（東京経済大学）、さらに次の年には肥前栄一（東京大学）、大月誠（龍谷大学）といった、研究者の道を歩むそれぞれに個性的なメンバーが加わって、急ピッチで研究者養成の側面をもったゼミの形を整えるようになる。

ゼミはきびしかった。まず進度が速かった。たいていのテキストは三〜四回で読み上げた。著者がなにを言いたいか、それがどういう意味をもつかを大きく捉えることが重んじられた。本はダラダラ読んではいけない、ある程度一気に読み通すのでなければ本の精神は摑めない。そう言いながらここが肝要というところにくると議論は俄然精細を極める。徹底的に粘る。二時間ではとても無理で、ゼミは通常五時間に及んだ。大野はせっかちなので報告は最初の一〜二分間が勝負であった。そこでもたつくと露骨にご機嫌がわるくなっていらいらした態度を見せ、丹念に取りかけたノートをやめて、文字通り筆を投げた。ときには報告をさえぎって、要するにきみはなにが言いたいのだと問い詰めた。そういうときの大野は意地悪くさえあった。少しでもあやふやなこと、いい加減なことを言うと雷が落ちた。悪口はマルクス並みの語彙の豊富さで、気の弱いゼミ生は震え上がったものである。気が弱いのにそうは見えないらしい不幸な顔の持ち主である私などはまさに「面憎い」らしく「タカハシ君は心臓がつよいんだから」と、それだけで誅伐の対象になった。

ただ、口は悪くてもどこかユーモアがあった。「タカハシ君の言うことはナンセンスだ、ハッタリだ、フィクションだ、文学だ、宗教だ」といった調子だった。——それに報告のレベルが高いと、これまたじつに素直にウンウンとうなずき、反応がはっきりしていた。それでいて言葉では褒めなかった。褒めるときも、いかにも口惜しそうに「まあ、いいだろう」というぐらいが最上級の賛辞であった。私が学部の二年間で大野から褒められたと感じたのは、機関誌『旋回基軸』の合評会で小文を「文章だけだな」といかにもいまいましそうに片づけられたときぐらいだったか。

そのくせ外部ではゼミ生を褒めていたらしい。八高以来の親友で当時関西学院大の助教授だった佐藤明は、大野が口癖のように「京大には何の未練もないが、優秀でよく勉強する学生がいるから残っているだけだ」と、私たちには耳の痛いことを語っていたと告げてくれた。「京大に未練はない」とは穏やかでないが、それについては後述したい。また一九五六年の処女作『ドイツ金融資本成立史論』の序文には「ゼミナールの学生諸君」への、異例ともいえる謝辞がある。

「神聖な恐怖の時間」

私たちは口ではよくこき下ろされたけれど、そういうときの大野の眼はたいていい笑っていた。にもかかわらず、大野はこわかった。九歳という年齢差以上のこわさがあった。どこがこわいのかといえばそれがむつかしい。たしかにせっかちであり癇癪もちで、ぴりぴりした状態のときが多く、大学院で指導教官になった静田均のようにおだやかで練れた趣はなかったけれど、私たちはそれがこわかったのではない。そうしたこわさからいえば静田の方が上だったかもしれない。

ゼミでの静田の教えぶりは「ソクラテス的」ともいうべき方法だった。学生がなにか不確かなこと、不消化なことを口にすると、彼はきまって「○○君の言うことはこういうことですか」と前置きして、その発言内容をより的確に、よりわかりやすく、場合によってはその行きつく先までを示唆しながら、しかしけっして言い尽くすのではなく、含みを残して言い換えた。学生には、自分の発言のあいまいさを、いわば鏡に映して見せられたうえで、もう一度態勢を立て直して修正ヴァージョンを提示する機会が与えられるわけである。静田は学生の自己発見のための産婆役をつとめたのだ。

これは実際には、やられる側は冷汗ものであった。こちらの拙劣な発表をずっと巧みに要約し直されることで、その弱点が鮮明にあぶり出されるわけだから、口ぶりの穏やかさが却って身にこたえた。

大野の場合はそれとはちがった。二十九歳の彼には、まだ学殖や知的蓄積でわれわれを畏怖・心服させるだけの深みはなかった。重田澄男は、大野は「頼りない」と感じて、二年目にはゼミを去った。理由は知らぬが玉垣良典や岡田実といった才気煥発組は去った。

しかし私が畏れを感じたのは先生がえらいからではなく、そのひたむきさであった。大野はゼミにも研究にも燃えていた。彼はたいへんな勉強家であった。勉強家ばかりのはずの学者社会のなかでもその勤勉さと集中力は群を抜いていた。やや年少の友人である行沢健三（当時関西学院大学）のお宅に本を借りに行ったとき、大野門下と名乗ったら闊達な夫人から「ああ、あのべんかんの大野さんのお弟子さん、あなたもたいへんね」と同情されたものだ。

ゼミ開始の一年目に過労がたたって、秋に大野は結核をわずらい、実家で療養したことがある。その経験からか、夏休みになると「京都で夏勉強したら身体をこわす。気をつけろよ」と言って、高爽の地に原書を持って出かけた。こちらには夏勉強するなよと言っておきながら、私が四回生の夏が終わって最初のゼミのとき、これだけノートが取れたよと言って机の上に無造作に投げ出した大学ノートが何冊あったか、仰天したことは記憶に残っている。ハルガルテンの大著のノートである。

高野山で同宿した佐藤明の語るところでは、下宿の奥さん（亡夫は東大哲学科で三木清と同期、長女はのちに上田閑照夫人に）が、大野さんほど勉強する人は見たことがないと感嘆していたそうだ。「あいつの勉強はすごみがあったな」と佐藤は述懐した。これではわれわれとの距離は追いつくどころか開くばかりではないか、アキレスが亀に追いつけないというのは哲学者ゼノンの逆説だが、亀がアキレスに追いつけるという人はいないだろうと、士気阻喪したものである。

大野の本領は静田のような産婆役にはなかった。彼自身がわれわれと同じ苦しんでいる「産婦」であった。教師という意識よりは、同じ問題に向かい合う仲間という気分の方が強かったように見えた。真理の前には学生も教師もないという気分もあったかもしれない。

それに自身が優秀な学生であった大野はわれわれの学力に錯覚を抱いていたかもしれない。彼は五十三年度に「企業集中論」という半年講義を担当し、私も聴講したが、毎回講義が終わると大野がまっすぐにこちらに向ってきて、どうだったか、なにかヘンなことを言わなかったかと真顔で訊かれるのには閉口した。ドイツの歴史的事例を中心にした高度に専門的な講義で、こっちにそんな批評能力があると、この新米先生は本気で思っているのだろうかと半ば呆れながら、妙に感動もした。われわれは学力も気力も足りないけれど、せめてゼミではあの真理への真摯な使徒である純真な大野を失望させたくない、というファンクラブ的意識が生まれてくる。錯覚を裏切るのがこわかった。私は都留重人の『アメリカ遊学記』に出てくるタウシッグ・ゼミへの都留の命名にならって「神聖な恐怖の時間」と、わがゼミを呼ぶようになる。

### もう一つのゼミ

ゼミには、しかし、もう一つの顔、もう一つの時間があった。ゼミを五時間もやるといっても、勉強ばかりではない。締め括りはいつも「雑談」の時間であり、大野はそれを愛した。雑談といっても硬軟さまざまで、時の政治、経済、世界のトピックスももちろんあったが、私の記憶では映画、音楽、美術、文学、そして思想、歴史といった旧制高校ふうの話題がむしろ中心になった。

大野は大の映画好きだったので、映画はよく話題になった。当時の学生の教養のなかで映画はかなりの場所を占めていたが、それでも中学時代の最後の二年で二百本も観たという大野ほどマニアックなファンは少なかっただろう。ただ彼はほとんど洋画ばかりだったようで、溝口も黒澤も、木下恵介も成瀬巳喜男も話に出ることはなかった。川本和良のように「小津狂い」と冷やかされても動じない筋金入りの邦画ファンもいたが、大野とはどうやら行き違い。洋画といってもヨーロッパ中心、なかでも当時全盛だったフランス映画が彼のもっとも愛好するところだった。ハリウッド映画も、観てはいたのだろうが、話題にならなかった。西部劇は別としても、社会的な問題作を精力的につくっていたエリア・カザンもジョゼフ・マンキーウィッツもビリー・ワイルダーもなぜか関心の外であったようだ。

フランス映画「天井桟敷の人びと」が封切りされたとき、さっそく大野が取り上げて絶賛したのにたいしてゼミ生中の長老の風格があった亀井知（北辰商事社長）が熱狂に水をかけるように「いや、あれは『愛染かつら』ですよ」と混ぜ返して、激昂した大野とのあいだで激論になった。

亀井の方は大野のフランス文化熱をからかう気で言い出したようだが、大野が「民衆の抵抗」といった、作品に込められた寓意を主張し始めたので、売り言葉に買い言葉で、「民衆なんていうのなら『天井桟敷』だけでなく『愛染かつら』に涙の袖を絞る日本の大衆も考えるべきではないですか」などと反撃して激越なことになった。

「天井桟敷」のすべりだし、犯罪大通でパントマイム芸人ジャン・ルイ・バロウがスリの嫌疑をかけられたアルレッティを助け、お礼に花を投げられた瞬間に彼女に恋をする、あの圧倒的なシーンを、「愛染かつら」の題名のいわれのノウゼンカズラの木の下での上原謙と田中絹代のラブシーンと比べるだけで、映画としては勝負にならぬことはあきらかなのだが、「愛染かつら」を多分観ていない大野には有効な反論ができなかったようであった。

なぜ大野がフランス好きだったのかはよくわからない。しかしそのおかげで文丙出身の宮永昌男やフランス語を第二語学とした私などは得をした。宮永にたいしては「デカダンなんて言葉の意味がわかるのはこのなかで宮永君とぼくぐらいのものだ」などと教養度への評点が高かった。「フランス語の後光だな」と私はひやかしたものだ。その代償でコンパではいつも彼はシャンソンを所望されて閉口していた。

後年（一九六八年）一年間のドイツ留学で主にミュンヘンに滞在した大野と帰国後語り合ったときは「田舎でつまらない街だった」とこきおろし、でもいい博物館、美術館にめぐまれていますねと肩をもち、ドイツ博物館など、展示の工夫とスケールに感心したと言ったら、ロンドンの科学博物館には及びもつかんよ、と一蹴された。それはまあいい。しかし、ウィーンでさえ、パリには及びもつかないし、イタリアの都市の魅惑もない、田舎都市だよと切り捨てられたのは正直意外だった。むかしのフランス好きの記憶がよみがえる。

大野はもっとドイツびいきだと思っていた。じっさい音楽、文学では話題はドイツに集中していた。クラシック音楽はやはりドイツ音楽が中心であった。幼少からピアノに親しみ、付けでレコードが買えるという稀な境遇にめぐまれたため、はじめはこの作曲家、この演奏家といった偏った好みはなかったようだが、晩年には次第にバッハ、ベートーベン、シューベルト、ブラームスとその周辺に収斂してゆく。とくにベートーベンやシューベルトのピアノ音楽への沈潜が深くなり、おどろくべきことに八十二歳で亡くなる一カ月まえにテンペストの第一楽章を（仕）上げたと聞く。

一つには八高で第一語学のドイツ語の先生たちに可愛がられたという事情があった。大著『ドイツ文学史』の著者でシラーの『ワレンシュタイン』の翻訳があり、ワグナー研究家としても知られる鼓常良とグリークラブで親しくなり、進学先の相談もした。藤本直秀をとおしてはヘッセやカロッサ、ハイネなどドイツ文学の世界に親しむ。

もともと旧制高校の世界はドイツ語がいちばん幅を利かせていた。「デカンショ節」がデカルト、カント、ショーペンハウワーで半年暮らすのであるし、「エッセン」（めし）、「ゲルト」（カネ）、「メッチェン」（お嬢さん）といった生きるための必須の品目はすべてドイツ語で成り立っていた。「ダスキン」（子供）と呼ばれるのが最大の侮辱で、そう呼ばれた私は「ラウヘン」（喫煙）でケムリを上げて対抗したものだ。憲法も陸軍も、法律、医学、哲学も、「学歴貴族」の行き着く先はおおむねドイツ語文化圏に属していた。文学でもいまとはちがって英文学はただの学校教師の文学としていかにもくすんで見え、独文は仏、露に次ぐか、それに並ぶ大きな存在だった。とくに詩はそうだった。ハイネやゲーテはリートにのって若い学生の唇に乗った。

それでも文系では英語の文甲が一番人気で、どこの高校でも文乙のおおむね倍の定員だったのに、そちらに落ちて文乙や文丙に回される者がけっこういた。しかし文乙族は誇り高く，私は寮に入ったとき文乙の上級生から「おまえら、なんで文甲なんかに入ったんだ。英語なんか高商に行ってもやれるじゃないか。乙か丙でなければ高校の値打ちはないぜ」とやられ、田舎中学出の私は、早まったことをしたかと落胆した。

大野がなぜ文乙に行きドイツ文学をやろうとしたか、今は知る由もないけれど、雑談のとき口から出る小説はほとんどがドイツもので、とくにトマス・マンとシュテファン・ツヴァイクはごひいきであった。日本文学でも、ドイツに素養の一源泉をもつ鷗外についてはよく読み、また語ったが、記憶の底をさらえても英学系の漱石の名が口に上ったことはない。彼の書棚には漱石全集はそろい、のちには『吾輩は猫である』の初版復刻版まで加わったということで、博読の大野が漱石の主要作品に眼を通していないわけはないと思われるが、鷗外の占める座とは比較にならなかったのではないか。旧制高校の教養世界はドイツ文化に濃く彩られていたとしても、彼のなかにはそれ以上のバックボーンの構成要素としての座を占めていたことはたしかである。

## 洛西のプリンス

大野の「雑談」はゼミ室や研究室からしばしば自宅にまで延長された。お宅は洛西龍安寺に近い閑静な住宅地にある庭付きの二階家で、敷地は一部市道の拡幅にとられたあとも一二〇坪と、新米助教授には不相応ともいえるゆったりした邸だった。洛東にある京大からは小一時間はかかるが、毎日の通勤というわけではないし、教授たちの多くが住まう下賀茂、北白川界隈は、蔵書スペースの必要な若い学者にはまだ手が届かなかったのだろう。事実、若い教授の佐波宣平をはじめ、多くの助教授――山崎武雄、田中真晴、関西学院の行沢健三、甲南大学の山口和男ら――がこの近辺に居を構え、相互の往き来がしきりであった。いずれ劣らぬ個性と才能の人びとであったが、大野はその貴公子的風貌と相俟ってプリンス的存在で、往き来の中心にいた。電話がまだ行きわたっていない時代で、前触れなしの訪問はごくふつうのことであった。静田均も夫人と離婚のための別居の一時期、大野の近くに住んでいたが、やがて北白川に移る。

私たちはゼミが始まってすぐ大野に誘われ、お宅を訪ねた。最初のゼミの翌日、日曜である。ゼミは長くなるのを予想してか、土曜と決められていた。お宅訪問は翌日に繰越しの延長再試合というわけだ。一年上の四名（石神、勝田倫吉〔北拓〕、木村泰雄〔大丸〕、奥本清彦〔本田技研〕）と岡田、私という顔ぶれであった。

大野はその二年前名古屋に近い木曽川町の山田澄子と結婚していた。澄子は陸軍中将山田国太郎の長女で、父が陸軍省や参謀本部勤務が多く、家族は東京在住で澄子も東京府立第三高女を出ていた。大野と同年の兄は一高―東大法科であったというから、裕福で知的な家系であったのだろう。

その分家に山田盛太郎がいた。もう血縁はなくなっていたが、同村の隣りあわせであり、戦時中は東京でも国太郎一家とは交流があったという。ただし大野の結婚が盛太郎とどう関わったかは不明である。山田との交流を回顧した一文「想い出・断片」によると、山田を「はじめてお見受けした」のは結婚前年の晩秋のことで、東京での経済学学術大会で山田が委員長として挨拶したのを聴く。

次に会ったのは翌年秋京都下鴨での山田を囲む集まりで、発表されたばかりの「農地改革の歴史的意義」をめぐって話を聴く。十一月十七日に大野は結婚しているので、その前後に当たることでもあり、なにかのやりとりがあったのではないかと推測されるが、何の記述もない。この小エッセイは山田との関わりを語った唯一の書かれた史料なのだが、二人の縁戚関係についてはまったく触れられていない。

二人の交流が記されているのはさらにその翌年の一九五〇年一月上旬、名大で山田の経済原論の集中講義があると伝え聞いた大野が鼓肇雄、住谷一彦と机を並べて聴講したさいのことで、講義後山田からお茶に誘われて三人がこもごも質問したとある。ここで面白いのは、ケネーの経済表分析の時代背景としてではあるが、山田がレオナルドの「最後の晩餐」の構図における形式的統一と内面的統一の問題を論じたとあるところで、私は前述の寺出道雄の『日本資本主義分析』＝アヴァンギャルド芸術論を思い出し、これは寺出説への恰好の援軍になるなと思った。またさらに面白く感じたのは、大野が下村寅太郎その他の研究を援用して、山田説に控え目ながら疑問を呈しているところで、こういう芸術への関心のつよい大野なのだから、寺出の考えをどう捉えるか関心を抱かざるをえないのである。

話を戻す。澄子は、一目で誰にも好感をあたえるタイプの、物腰の柔らかいきれいな人で、美丈夫の大野と好一対だった。

当時の大学教授の奥様方はいくつかの類型に分けることができた。共通して言えるのは知的な面立ちの美人が多いことで、単位をもらったり成績を聞いたりするため教授宅を歴訪していたある悪友は

「なんでこんなに美人ばっかりなんや」とフィールドワークの成果を、やっかみがてらに総括した。しかし、そこから先は分かれる。第一類型は世話焼きで夫の教え子たちともざっくばらんに、ときには無口な旦那をおいてけぼりにして人生論を闘わせるのを辞さない、ちょっとした女親分タイプ。じつは万年お嬢さん。夏目鏡子（漱石夫人）を典型とする。

二つ目は女学校では常にトップを譲らなかった完璧な良妻賢母、夫の上司や同僚の教授や夫人たちとの交際もたくみにこなし、弟子にも愛想よく、教授夫人の立場を常に意識して振舞い、夫の研究条件の改善に努め、同時に地位上昇にも鋭敏で、夫の行動にも意見をもつ。学会について行くことも多い。夫がえらくなって学長とか学部長になったりすると、欧米風の教授夫人の社交界のたぐいをつくりたがったりするものだから、善意の人だのに同僚夫人たちの間では人気がない。菊池寛は『新女大学』で、女性を「かしこかしこ」、「ばかかしこ」、「かしこばか」、「しんそこからのばか」に四分類したが、これは三つ目の類型になろうか。かつての湯川すみ子（秀樹夫人）はその代表とされた。

私はじつはこのタイプの女性は嫌いではない。努力家でなにごとにも一途、本質は「尽くすタイプ」の「可愛い女」だのに誤解を受けやすい。

しかし、大野はこのタイプにきびしかった。彼が好んだのは第二のタイプ、つまり温雅で控え目、内助に徹し、しかし適度に聡明な女性であっただろう。「適度に」などと適当なことを言ってすませるのは本意ではないが、当時のたいていの学者の理想の配偶者のイメージはその辺にあったと思われる。『新女大学』でいえば、「ばかかしこ」、つまり賢さを見せない賢さが最良とされた。「かしこかしこ」ではダメなのである。

澄子はこの条件を充たしていたように見えた。口数は多くないが暖かく迎えてくれ、貧乏助教授の家計からなにかともてなしてくれた。客が多かったのは大野の客好きのせいだけでなく、澄子の人柄があったと思う。最初のわれわれの訪問のときも、前夜からの宿泊客がいた。大野と齢は変わらないのに頭のうすい、大きな身体を縮めるようにして恥ずかしそうに挨拶したのが、八高以来の親友で、関西学院の助教授だった佐藤明である。大野の強引な勧めで、ちょっとはにかみながら専門のイギリス産業革命史についての研究動向を訥々と、しかしじつに印象的にレクチャーしてくれた。大野がひどくうれしそうに「高橋君はイギリスをやるんだ」とまるで大学院生であるかのような紹介をしてくれ、以後数十年に及ぶ佐藤との親しい付き合いがこのとき始まる。

一カ月のちの二度目の訪問（宮永、重田、勝田、木村同道）のときも前夜から佐藤が泊まりこんでいて、行き違いに同じ関西学院の行沢健三がふらりと訪れ、たちまちわれわれとの話の輪に引き入れられて、大野の

「行沢君はいまミルをやっているんだ。話をきかせてもらおうよ」

という呼びかけに素直に応じて三十分ばかり語ったジョン・スチュアート・ミルの経済学体系についてのあたらしい知見の披瀝が、私には眼が覚めるような新鮮さであった。こんなまとまった話が即席でできるのかと感嘆した。だのに大野の浴びせる重砲火は激烈を極め、口の重い行沢はしばしば立ち往生する。やりとりのレベルの高さと妥協のなさは、私たちを、十分には理解できないままに、興奮

させた。この少しあとに出た行沢の師である出口勇蔵編の『経済学史』のミルの章を行沢が書いていて、そのエッセンスをしゃべってくれたのだと、のちに知る。この論文は彼の評価を高めることになった。しかし大野は私の興奮に対して「いや、あれは内田（義彦）さんの（考えの）引き写しさ」とにべもなかった。

その内田義彦は大野の九年年上で、当時専修大学教授、出口編『経済学史』の卓抜なスミス理解ですぐあと私たちを瞠目させることになる。大野は行沢をつうじてそのすごみの一端を知っていたらしい。その内田も半年前と二カ月前に二度東京から大野宅を訪れている。この時期には武者修行さながらに、面識や文通がなくても、これはと思う学者であれば前触れなしに訪ねる慣行が一部の若手・少壮の研究者間ではあったようで、大野はまだ業績らしいものはないのに、東京方面ではすでに注目株であったらしい。一回目の内田は田添京二をともなって現れ、ゼミから帰った大野は急ぎ田中真晴、山口和男、行沢健三を呼び集めた。「圧倒されたよ。耳学問の大事さがはじめて身にしみた。東京の連中がうらやましい」と、次のゼミで興奮冷めやらぬ大野は語るのだった。二回目は田中、山口に平井俊彦が加わったと聞く。私たちもまた、耳学問の大事さを大野邸を舞台に学習し始めていた。

# 第四章　師弟関係の変質——大学院で起こったこと

## 大学院へ

大学院へ進もうと決めたのは、よく憶えていないが、三回生の終わりか四回生の初めである。大野の研究室で二人で話していたとき、不意に「きみは大学院に行く気はあるか」と訊かれた。

じつのところ少し前から、それは考えるようになっていた。

大野の仕事への打ち込みぶりは生き方の一つの範として胸に焼き付けられていたし、研究という職は好きで自分に適しているだろうとも思うようになった。経済学が向いているとは思えなかったが、分野によっては面白くやれそうという気になりつつあった。それを力づけたのは大野がこちらの素質を買っているように見えたことである。ただ、私は親を養わねばならないので奨学金だけで大学院に五年も通うなんてことは問題外であったが、定時制高校に勤めながら大学院に通うという選択肢も、楽ではなさそうだが、なくはなかった。

といっても、経済学部卒では高校教師になる道は広くはなかった。文学部、とくに英文科や歴史学科では主な教授のところに高校側から人を送ってほしいといってくるルートがちゃんとあって、成績を苦にしなくても世話をしてもらえ、ときには大学院に行かなくても高校から大学へ移るという場合もそう珍しくはなかった。経済学部にそんな決まったルートはなかった。あとのことになるが、四年の英書講読で親しくなった前川嘉一（助教授・社会政策）がずいぶん努力してくれたが、うまく行かなかった。

そういう不安があるものだから迷ってはいた。迷っています、とそのまま答えればよかったのだが、私には大事な瞬間に予定外の言葉を発するという困った癖があって、そのときも「はい」と言ってしまった。あわてて「しかし」と言い直しかけて言葉を呑んでしまう。大野がなんともいえぬうれしそうな顔で「そうか、残るか」とにっこりしたからである。

言葉を呑んだのにはもう一つ理由があって、大野には私の経済的な事情を相談しても仕方がない、心配をかけるだけで役に立たないだろうという気がしていた。また彼には二分法的な割り切り方を好むところがあって、議論のときも口癖は「要するにどっちなんだ」と迫り、どっちかを決めれば手立てはあとからついてくると考える人であった。大切なのはまず決めることで、条件によって決定を左右させるのは「坊ちゃん」型である彼の潔しとするところではなかった。私は大野の気分に乗って大学院進学をいわば「衝動買い」したのである。

あとの話になるが、大学院の入試のあと面接があり、数人の面接委員のなかに農業経済の山崎武雄がいた。彼はもうかなりの年配の万年助教授で学者としては著名ではなかったが、見識ある誠実な人格者として知られていた。その山崎が私に、経済的には大丈夫ですか、と尋ね、私はありのままを答えた。大野にはそれを訊かれたことがなく、私も話したことがなかった。山崎の顔が曇り、そんな無謀な、とつよい口調で切り出し、定時制高校といったって口があるかどうかもわからない、大学院を出たって就職先があるかどうか、あやしいものなのですよ、いまからでも遅くない、ふつうの会社の就職を考えなさい、とさんざんであった。

それが常識というものなのだろうな、としょんぼり大野の研究室に引き揚げたら、大野が戻ってきて「聞いたぞ、山崎さんがくだらんことを言ったそうだな。けしからん。そんなことを言ったらブルジョワの息子しか大学に残れないじゃないか。何を考えているんだ」と、たいへんな剣幕であった。山崎と大野は親しい間柄で人間的には信頼しあっていたから、これは反感が言わせた言葉ではなかったし、また私を慰めるためでもなさそうに見えた。彼は気休めをいう人ではなく、学問をしたいと思ったらやればいいじゃないか、道はあとから開けてくると、かなり本気で思っていたふしがある。

「やどかり族」

大学院の入試には無事合格し、高校教師の口も大阪の府立全日制高校にきまり、半年後には定時制への転勤も実現した。全日制高校での持ち時間は十八時間だが、定時制は十二時間ですみ、それに研究日があるので、その日は京大で一日を過ごすこともできた。

学校は大阪十三の北野高校で、定時制といってもできる子は相当なレベル、ほとんどが勤労学生で個性的な子が多く、教えるというより付き合う楽しみを知ることになる。それに先輩教師たちがじつにいい刺激となった。

当時この学校は優秀な若手研究者のメッカだった。時代はまだ「もはや戦後でない」と経済白書が宣言した昭和三十年の前年、ゆたかな時代の到来はなお遠かった。貧しいのは私だけではなく、親がかりで大学院に学ぶことのできる人はけっして多くはなかったのであって、勉強はしたいがまず生活を、という人には定時制高校は有難い存在だった。とくに北野高校は、旧制大高教頭の林武雄が学制改革に際して新制高校の意義を重く見、阪大に用意されていたポストを蹴り、進んで校長を引き受けたといういきさつもあって、大高ＯＢを中心に若手の人材が集まっていた。先輩たちが研究と教育という二股の難業を、あるいはスマートに、あるいはストイックにこなしていたのはまぶしいほどであった。

大学院で出なければならないのは大野のゼミだけではなかった。静田均のゼミにも出るようになった。

京大経済学部では当時助教授は大学院の指導教授にはなれない（つまりゼミがもてない）ことになっていた。しかし講義はできるし、ゼミも大学院ゼミとして開講できないだけで、学部のゼミに参加すればいいのだから、実質的な指導は変わらずにすむ。だから大野門下生は私からあとすべて静田均ゼミにかたちの上では属したけれど、ほとんど寄り付くことはなかった。皆いわば「やどかり族」なのであった。

全方位型好奇心の私は、彼らと違い静田のゼミにも興味があったので、大学院の研究会のほか、最初の二年は彼の学部ゼミにも参加した。

静田は一九〇三年生まれであったから大野より十九歳の年長、私とは二十八歳の年齢差があり、当時五十一歳、学者としても脂の乗った時期にかかっていた。すでに三十五歳で『日本農業経済論』、四十歳で『カルテルと経済団体』と、農業、工業の両境域にまたがって学界のあたらしい水準を画する業績を打ち立てていた。再建学部長の激職を三年というのはこたえただろうが、工業経済論の平易な教科書を書いたのち、その間に研究の焦点を、工業における独占の実態解明に有効な理論体系の構築という多年手がけてきた作業の継続から次第にずらせて、帝国主義理論史の探究へと移してゆく。レーニン、ヒルファーディングばかりに集中していた帝国主義論研究をホブスン、カウツキー、ストレイチー、シュンペーターに広げるとともに、経済的帝国主義中心の従来の研究を政治・社会的な側面を含むものにしようと試みた。この興味ある構想は、しかし、京大定年後に就任した名古屋市立大学経済学部創設の苦労のうちに未完成に終わる。

静田の大学院ゼミは、読書会ではなく断続的な研究発表会のかたちをとった。京大に来て十九年、教授になって十年と、戦後の経済学部では最長老に属すのに、積極的に弟子を育てようとか、ましてや自己の人脈をつくろうといった気のない人で、大学院生の数は多くはなかった。

「自分から学生に進学を勧めたのは一人しかいない、きみの一年下でずばぬけてできた男だったが、日銀に行ったよ」と、のちに静田は述懐したことがある。大学の同期で某国立大学教授の息子だという。そういうところにも静田の慎重な性格が読みとれる。家庭の事情、文化資本的背景まで知り尽くしていないと一生を左右しかねない選択は勧めないのである。そういうところは大野とはまったく対照的であった。考えてみるとこんな奇妙な本が生まれたのも、大野と私の双方の無鉄砲の行き着く先であったのかもしれない。

越後和典

研究会メンバーも職についている人が多く、専攻も拡散していて、兄事するに足るかに見えた先輩は越後和典しかいなかった。

越後は私とは五歳の年長で、京大卒業後三菱重工神戸造船所に二年いたあと大学院に転じ、特別研究生の三年目に当たっていた。大野に匹敵する長身、しかし対照的に色は浅黒く、由井正雪のような総髪を肩にたらしていたが、いちばんの特徴はつよい眼光だった。これは只者ではない、アクも強そうだと恐れをなした。頭の回転も、繰り出す言葉も速く、見た目にたがわず辛辣な剛球。議論をしてもバットをへし折られ、さて十度に一度も打球が前に飛ぶだろうかと、心細いような、心強いような気になった。心強いというのは、なぜか私には親切で、発表には必ず顔を出してときにサクラ的質問をしてくれたりしたからである。

経歴を生かして、日本造船業のマルクス主義の立場に立った研究をエネルギッシュにこなしていて、その二年後には早くも二十九歳で『日本造船工業論』を出す。関西大学の講師になって二年目のことである。五年後『現代日本工業論』、九年後、マルクス主義的方法と決別して産業組織論に転じた記念碑的な『反独占政策論――アメリカの反トラスト政策』を、翌年には産業組織論の標準的なテキストとして広く読まれた『工業経済――産業組織論』を、と矢継ぎ早に注目作を繰り出す。さらに四年後の『寡占経済の基礎構造』をラインナップに加えるに及び、代表的な産業論学者としての地位を固める。

ところが彼は再び転回する。一九八五年の『競争と独占――産業組織論批判』によって新自由主義の源流の一つである新オーストリア学派の政策思想・理論のわが国でのもっとも先鋭で強力な代弁者として登場し、人をおどろかせることになる。まったくちがった、しばしば対立しあう立場に二度も身を置くのはそうあることではないからだ。そこから彼を時流に棹差す風見鶏と目する向きも現れるのだが、それを意に介さないほどに彼はタフで、かつ知的に正直な人であった。

私の推測だが、若いときの彼は、もしかしたら自分に似合わないマルクスの衣装を着けねばと迷う程度には気弱というか自信がなかったのかもしれない。時代が時代でもあった。しかし、それを脱ぎ捨ててからの彼は確信犯であった。もし彼に知的誠実以外のなにかの動機があったとすれば、それはおそらく「誰も彼もが同じことを言ってなにが面白い、ちっとは人の言わぬことを言ったらどうだ」といったへそ曲がり精神が、なにかの拍子に首をもたげたのかもしれない――ぐらいであろうか。その程度の少壮客気は彼のように気性の烈しい、精気にあふれた研究者にはありがちな誘惑であったとしてもおかしくない。

しかし彼を支配していたのはやはり「研究者魂」であったという気がする。彼の七十五歳の作である精気横溢した『私の産業論』を読みながら、私はふとある情景を思い出した。一九七〇年十一月のことで、彼は前月に関西大学の経済学部長に選ばれたあと、胃からの大吐血を起こし、辞表を出して大津日赤に入院中であった。

その前年にも学部長代行に選ばれたすぐあと同じ病気で入院・辞任したいきさつがあり、組織人としては追い詰められた、きびしい立場にあった。学園紛争期の学部長は、できれば皆逃げたい職務で、それをジャブの洗礼らしいものも受けないままで降りたのでは、仮病扱いされて風当たりがひどいことになる。じっさい、部長代行を病気辞任した翌年に部長に選出するという学部の態度は異常で、それ自体が越後への無言の批判であったのかもしれない。私はそう思いながら重い気持ちで見舞いに行ったのだが、病室に入っておどろいたことには、吐血の翌日というのに越後は横になったまま英語の専門書を読んでいるではないか。

ああ、この人はどんな激職であろうが、人からなにを言われようが、研究を一服するといった考えの欠片ほどもない筋金入りの「シュトレーバー」(力行の人)なのだな、というのがそのときの私の感慨であった。同時にもう進退については腹を括っているな、とも思わずにいられなかった。事実、その一年半後には関西大学を辞して滋賀大学に転出したのである。

外柔内剛

話を静田に戻す。

彼は大正デモクラシー末期に学生生活を送った世代で、河上肇についてマルクス経済学を学ぼうと志して二高（仙台）から京大に入学した。幼くして父を失い、母の手一つで育てられ、在学中は胃腸が弱かったので母上が京都に出向いて食事の世話をされたと聞く。となると、ひよわなマザコン息子を連想しないわけにはいかないが、実際はおよそ趣を異にした。

米沢の士族の家の出で、父は日露戦争で海軍の広瀬武夫とならんで軍神とあがめられたあの橘中佐と同期に陸軍士官学校を出てやはり戦死、気丈な母からは同郷の二人の偉大な学究——我妻榮（東大教授・民法学）と矢野仁一（京大教授・中国史）——を模範にするようハッパをかけられて育ったらしい。

「榮さんのことを思えば、均は勉強がたりませんよ」と、静田ゼミ大学院の先輩岡田賢一は母堂から聞かされたという。静田はこの母に「です」調で話しかけ、家に帰ると必ず手をついて挨拶した。私たちに対してもこれは同じで、お宅にうかがうと上座に招じられ、必ずご自分がまず座布団を外して手をついて挨拶された。「です」調のやりとりはご子息たちとの間でもそうであった。そうした折り目の正しさが、かたちだけのことでなく、彼の人間関係の骨格をつくっていた。

静田は小柄だのに、いかにも背筋が伸びた感じで小さく見えなかった。古武士を偲ばせる端正で苦みばしった面立ち。じつにいい笑顔の人であったが、微苦笑が似合うというか、声を出して笑うところを見たことがなかった。古典的なプロフェッサー・タイプというものがあるとすれば、彼こそその人と、会うたびに思った。

風貌は温雅であっても、受身のつよさは無類であった。それはすでに総退陣のとき、反対派の人からも頑固者とさじを投げられ、手をやかれたことで証明済みであるが、もう一ついささか差し障りのある話を書く。

旧制最後の学位論文審査のときである。学位を取らないでいた（取れないで、という方が真実に近い）教授たちが駆け込みで博士論文を提出した。経済学部の某長老級教授もそのひとりであったが、下読みの段階で静田を含む三人の審査委員のすべてが、学位論文としては問題外のレベルであることに一致した。ところが、そのうちの一教授が、当の教授の行政上の功績、学会、社会への貢献、人柄などを挙げてなんとかならぬかと言い出す。

たしかに学内では案件の処理能力の高い名学部長として知られ、某巨大学会でも名会長であったらしい。各種審議会にも名を列ねていて、おそらく有能な活躍ぶりを示したであろう。そうしたことを並べ立てた挙句の果てに、尊敬する先輩が学位を取れないようでは自分の立つ瀬がないと訴えて、涙をこぼしたという。静田は立腹した。世も末だと思ったという。「こんな言葉を耳にしただけで、もう京大にはいたくない」とも嘆いた。もちろん、論文は取り下げられることになる。

ついでながら、この涕泣教授は定年後ある地方国立大学の学長になる。私たちの教養部学生時代は話のわかる先生として一部に人気があったが、学生に迎合的な匂いをかぎとって嫌う者もいた。一冊の著書もなく、この先生自身どうして学位が取れたのであろうか。たぶん若いときに専門分野で深く掘り下げた論文を書いていたのだろうが、そこまで調べる熱意が湧かない。

## 静田均的生き方

しかし、その剛直な静田が、なぜか教育、研究面で人をリードしようという気魄を感じさせなかった。五十歳をすぎたばかりで、当時としても老け込む齢ではなかったのに、どこかさめたところがあった。学部再建のストレスも残っていたにちがいないし、離婚問題も屈託であったに違いない。老母を連れての借家の移転なども負担であったろう。けれどももっと重要なのは彼の主義であり美学ではなかったか。

静田は「リーダー」の役割は自分には似つかわしくもないし、引き受けたくもないと思っていたふしがある。

彼は私との話で自己をよく「小物」と呼んだ。卑下とか自嘲ではなく、むしろ「蜷川さんから見れば私などは小物だから」といった文脈で使い、そこにむしろ蜷川なにするものぞといった、ひそかな矜持を見ることもできるのだが、たしかに彼には政治性やカリスマ性がなく、そのかぎりで「親分」ではなく「大物」でもなかった。彼に学部再建の重責が託されたのは、まさにそうしたうさんくささがなかったからなのであった。そうしたいかがわしい存在であるには彼はあまりに羞恥の量が多く、自分を鏡に映すことを知っていた。

だから彼は「静田一門」をつくらなかった。流派も党派もつくらなかった。参入・退出が自由というより初めからゼミＯＢには名簿もなかった。もちろん初めはマルクス経済学から出発するのだが、師匠がイデオロギーに固執しないものだから、越後のように産業組織論に移るものも、松井哲夫や岡田賢一のように純実証的な学風のアメリカ産業史に没入する人もいたし、真藤素一のようにマルクスを基礎とした国際金融論で業績を挙げた人もいた。よそからの「やどかり」も譜代同様に受け入れた。ゼミはバラバラであった。豊崎稔や松井清のゼミが「放牧型」と言われていたことをまえに紹介したが、静田ゼミは教義の縛りがないだけいっそう放任的ともいえた。

静田は、就職の面倒見がよくないとも言われていた。豊崎や松井は外部に顔も利き面倒見もよかった。授業は手抜きで講演や会合に熱心であった反面の成果である。外回りの営業にこれつとめ工場の製品管理はお留守の経営者といったところか。多くの研究者をあちこちの大学に送り込み、弟子たちをとおしてネットワークを広げていた。静田ははるかに地味で、まともでありすぎた。

まともというのはこんなふうである。ずっとあとのことになるが、越後と同期の真藤素一が当時勤めていた立命館大学に居辛くなって転籍をよぎなくされたことがある。

真藤は不器用で無愛想、学問一筋の地味な男であったが、国際金融の分野では緻密な専門性の高い二冊の著書を出していて、学位も取り、静田も大いに買っていた。ところがあるとき急に大学当局から学生部長への就任を要請される。学生運動のはげしい立命館の学生部長は非常に舵取りのむつかしい激職であって、ノンポリで性格的にも不向き、政治的なセンスを欠いたうえに、心臓に疾患をかかえた真藤を充てようというのは、いじめ以外の何物でもなかった。事実、固辞する彼に当局側は受けてもらえないのなら辞めてもらうほかないと示唆したという。真藤は転籍のほかないことを悟るが、非社交的な彼には行く先が見つけられなくて、万策尽きた彼は静田に泣きつく。

「あんなに困ったことはなかった」と語る静田に、私は意外な思いをした。というのも当時静田は人物を見込まれて京大の定年と同時に名古屋市立大学に移り、初代学部長の任に当たることを前提に、新学部の人事を進めていたからだ。国際金融に予定者はなく、真藤に業績上の難はなかった。静田はすでに産業経済の領域で真藤の数年先輩の松井哲夫を大阪教育大から充てることに決めていたが、それに真藤を加えたところで他人から後ろ指を指されるような非常識な人事にはならないと思われただのになぜ困るのか。

私の疑問に静田は俄かに言葉をにごし、話はそれ以上進まなかったが、結局真藤は採用される。それまでの間、しかし静田は逡巡し続けた。理由は推測のほかないが、静田には新学部人事の相談相手がいて、当初は信頼していたその人物とうまくいかなくなっていて、強い反対が予想されたということのようである。その背景には、他人からかれこれ言われることへの、東北人特有の警戒心、あるいは臆病さがあったのではないか。さらに言えば、静田は人の面倒をみるということへの懐疑と畏れがあったのではないか。

人間同士の付き合いは貸も借も多いほどいいという「貿易立国」型的生き方の効能を信じ実行する人がいる。じつは私もそのひとりだ。しかし、静田はそうではなかった。貸にも借にも責任がともなうではないか、借は自分のような立場の人間がつくるべきではないし、貸は自分は満足しても相手には心理的負担を与える。軽々に貸をすべきではないという考えがあったようだ。単純な「自給自足」論では、もちろんないのだが、貸借関係へのほとんど宗教的な畏れは、まちがいなくあった。米沢士族とはやせがまんのつよい種族なのだろうな、一種の「ノブレス・オブリジェ」（貴族の責務）意識だろうかと、私は感心しながら、教師としてはそれでいいのだろうかとも思った。

若いときの私は、静田的生き方とは逆のことをよくした。引越しのときゼミ生に手伝わせたり、台風で屋根瓦の一部が飛んだとき顧問をしていたワンダーフォーゲル部の山仲間の学生に屋根に上ってもらったりした。長いことこうした「職権乱用」は気になっていて、とくに危険をともなう後者など、思い出すたびによくあんなことをさせたと冷汗がにじむ思いで、恥ずかしい「借」の記憶であった。ところが、学生にとってはその「貸」がまたとないなつかしい思い出になっていることを、後年幾度となく思い知らされる。そういえば、学生と飲み歩いては酔いつぶれて金銭的にも学生におんぶといった「破滅型」の教師が、世の常ならぬ慕われようであったりすることは珍しい光景ではない。師弟関係の「貸借」は近代的な契約関係のそれでなく、古代的・未開民族間の「互酬」交易――プレゼントの交換――に近いのかもしれない。大野と私たちの関係にもそういうところはあった。

## 静田と大野――わだかまりの正体

大野と静田の間柄はかならずしもよくなかった。といえば曖昧な言い方になる。有り体にいえば、静田は大野を買っていたが大野は静田に反感をもち、静田はそんな大野に当惑していた、というところだろうか。

大野の静田への反感の起源はおそらく再建学部長としての静田が恩師の蜷川を追放した総退陣のと

きのわだかまりにあった。大野自身「蜷川さんとのこと以来、静田さんはぼくとは肌が合わない」と言っている。学問的にも静田は労農派だからな、と言いもしたが、一方で静田の『日本農業論』を、彼も「若いときはましだった」と評価してもいる。

もう一つのわだかまりは大野の助教授昇格をめぐってであった。第二章で記したように大野が昇格したのは昭和二十五年六月、吉村、木原両講師と同時であった。五カ月前の一月に講師に昇格したばかりであるから破格のスピードである。

じつはその一年前に近経の経済原論を担当する青山秀夫の下で講師であった森嶋通夫が青山の指示で分校（のちの教養部、現在の総合人間学部）の統計学助教授に昇進・転進し、そのさい「公平のため」マル経の三人をもできるだけ早い機会に昇進させるという約束があって、それにもとづいて島、松井教授から提案があり、審査の結果三人が昇格した。この経過については森嶋の『智にはたらけば角が立つ』に詳細が記されている。この人事に納得できなかった森嶋は京大をやめる決心をしたと言い、これをもって戦後京大経済学部の運命を決定する天王山であったとする。どういうことであったのか。

森嶋によると、三人のうち吉村を除く二人——木原と大野——についてははっきりした異議が教授会で出されたのにそれが無視ないし押し切られたかたちで審議され、吉村については満票、あと二人については白票三でどちらもが可とされた。

具体的に言えば、まず木原については業績が決定的に不足していて、京大の学生新聞にのった時論が二、三ある程度だった。審査委員である佐波宣平が「僕は腹が立つとものが言えなくなる質だが、今日は腹が立ってものが言えん。だいたい助教授昇進の審査論文に学園新聞の切抜きを提出する奴があるか。終わり」と抗議した。しかし、森嶋は書いていないが、審査委員は少なくとも三人はいたはずで、ほかの複数の委員は、内心はともかく、反対しなかったのだろう。そうでなければ票決に掛けられるわけはない。

大野英二については講座の教授である静田均が「自分は大野を高く評価している。将来はいい学者になると楽しみにしているのだ。しかし今は病気のために遅れているから、助教授にして講義の負担を負わせると研究を妨害することになる」として、昇進は早いと主張した。森嶋は静田の発言には愛情がこもっていて偽りはないと思ったという。

しかしこうした昇格反対ないし慎重論は公平論のまえにしりぞけられた。森嶋によると経済学部における正統派マル経グループはけっして多数派ではなく、彼らだけでは弟子たちを数を頼んで集団昇進させる力はなかった。問題はむしろ近経や非マルクス派、穏健派マル経を合わせた多数グループにあって、彼らはマルクス主義全盛の風潮に迎合する「腰抜けの気の弱い坊ちゃんたち」であり、それこそがおかしな公平論や勢力均衡論をはびこらせた元凶である。そうした人事を進めてゆく限り知的荒廃は時間の問題であり、そんな葬送の道に加わるのはばかげている。そう彼は言い切った。

だが実際に森嶋を悩ませたのは、多分それ以上に師である青山秀夫のわけのわからない行動であったはずだ。青山はまず森嶋の昇進とバーターで三人の昇進を認める約束はなかったと言い張りながら、島が議事録を確認しようと提案したらその必要はないとあっさり引っ込んだ。次に三人の審査が決定した段階で、学部長が形式的に、ほかにもすぐれた助教授候補がないかと確かめたのに応じて、唐突に阿部透講師を推した。阿部は森嶋の一年下で統計学を専攻していて、もし彼が昇進すれば分校の助教授である森嶋を飛び越えることになる。自信もプライドも並外れていたであろう森嶋は"He is confused"（先生はどうかしている）と感じ、京大をやめる決心をし、青山に相談なしに阪大への移籍をとりきめる。

青山は近経の棟梁としてマル経にたいして一対三の均衡ではまずい、二対三ぐらいにもってゆきたいと素朴に考えたのかもしれない。しかし、そんな政治的に見えて非政治的な思いつきは建前社会である大学では通用するはずもない。次の教授会で阿部昇格提案を引っ込めざるをえなかったばかりか、自己の師範代格の森嶋を京大から失うというはるかに重大な結果を生みさえした。もともと統計学をやる気のない森嶋を経済学部のポスト確保（実際には近経のポスト確保）ねらいで分校に送り込むという浅はかさが祟った。人材はご都合主義で駒のように動かすべきではない。私の見るところ京大の近経弱体の遠因はどうもこの辺にありそうだ。その意味ではこの事件は森嶋のいうとおり「天王山」であったのかもしれない。

背景の説明が長すぎたようだ。話を大野の昇進に戻す。問題は大野の昇格を、大野のためにならないとして慎重論を唱えた静田の意向を大野がそのままに受け取ったかである。もともと敵か味方かに割り切る性向のつよかった大野をさらに党派的に過敏にさせる事情が、この頃生まれていた。

## 孤立と屈辱

大野は学部内で孤立していると感じていた。とりわけ堀江英一を中心とする正統派左翼（共産党と同調者）が自分を学部から追い出そうと謀略を張り巡らしていると、神経を立てていた。具体的には彼を分校に送り出そうという動きがあると勘ぐる。当時マルクス派陣営の共同研究が行われていたがそのうち彼の属する鉄鋼班で居心地がわるいから、出口、田中、山口らの歴史班、そのなかのドイツ班に移ろうとしたが、妨害する動きがあったとか、正統派の総帥である島から金融論に移らないかと言われたり、ほかでも大野は関西学院に移るという噂が流れるといった、いやがらせと受け取られかねないことが起こる。

そして極め付きは助教授昇格決定後のある日、呼ばれて参加した社研と民科の打ち合わせ会の席上で、どういう文脈でか、松井清から「大野君はハンサムなだけで無能だ」という侮辱を受ける。同席した十五人余りのひとりから、私はこれを聞き、佐藤明からも大野からの伝聞として聞いた。松井は例によって軽佻に口が滑っただけなのかもしれないが、大野には骨の髄に徹する思いがあったに違いない。佐藤明はこれをうけて、五年後に刊行された大野の出世作『ドイツ金融資本成立史論』を「あれは大野の屈辱のモニュメントだ」と評した。

大野は神経のバランスを崩した。松井事件の七カ月後、思いつめてか旧知の名古屋大学経済学部の酒井正三郎に人を介して連絡をとり、名大に転出したいので仲介してほしいという意向を伝え、それをうけて会いたいという酒井の申し出に応じる。しかし、たちまち後悔して翌日には取り消しの手紙を送る。残って戦おうと自分に言って聞かせる。事情はかなりちがうが、二年下の田中真晴も、行沢のいる関西学院か、山口和男のいる甲南大学に移ろうかと迷ったりしたらしい。田中の場合は師の出口勇蔵とウェーバー理解が食い違い、自信のあった論文を酷評されたことが原因であったという。

大野のように軽薄さが微塵もない人物が、いかに若かったとはいえ、旧知といってもとくに親しい仲でもなく、学問的に尊敬しているわけでもない酒井に一身上の重要事の仲介を頼んで、すぐそれを取り消すというのは相当神経が参っているということである。それは逆に敵視すべきでない人を敵視したりすることにもつながる。静田への反発がそうである。好意をもっていてもそれをクールにしか示さない静田を、大野はついに理解しようとしなかった。そして彼の孤立感はついに私との関係にも及んだ。

## 「紅い灯」事件

それがいつのことであったか、あまりのショックで夢のなかの出来事のように日にちの記憶が消えているのだが、定例の研究会のあと、大野は私だけにあごをしゃくってついて来るように合図した。表情がいつになく硬いのでなにかよくないことと想像できた。歩き出すといきなり興奮を抑えた声でこう言う。

「ぼくはきみを信用していないし、きみもぼくを信用していないらしいから、会うのもこれまでにしようではないか。文句はないだろう」。

あまりの唐突さと事態の理解を超えた展開に、なんのことですか、と問い返すほかなかった。

「自分の胸に手を置いてみたらいいだろう」

と、声が裏返る。

「わかりません。おっしゃってください。なんのことです」

「じゃあ、言うよ。きみは堀江英一にぼくが『紅い灯』に行っていることを密告しただろう」

「え？『紅い灯』？」

「そうだ。おぼえがあるだろう」

というふうにだんだんと事態が呑みこめてきたのだが、こういうことである。その前の週に大野と私たちゼミのＯＢ数人で飲みに行き、二次会に大野の知っている「紅い灯」というバーに寄った。その数日後、今度は教官の懇親会で楽友会館に行くが、その席上堀江英一が大野をつかまえて
「大野君、きみはこんなところで飲んでいても面白くないだろう。紅い灯、青い灯のついているところでないと」

と笑った。大野は瞬間に自分が「紅い灯」という特定の場所に行ったことを当てこすっているのだと受け取り、スパイがいると直感した。あそこに一緒に行った顔ぶれは三人で、うち二人はどう考えても堀江とつながりがありそうにない。しかし、高橋にはその可能性がある、いや彼以外にはない。

「でも私は堀江さんとは講義を聴いたことがあるだけで、個人的にはもちろん、研究会で顔を合わせたこともないのですよ。それに『紅い灯』というバーの名前も憶えていない。そんなことをできる

わけはない。堀江さんが『紅い灯、青い灯』と言ったのは普通名詞で、紅灯の巷というほどの意味ではないでしょうか」

と言いながら、私はなさけなさに涙が出て止まらなかった。ああ、あのノーブルな先生がここまで病んでしまったのか、私まで信じられなくなってしまったのか。本当は立腹しなければならないと、席を蹴って去ろうとしたが、腰がぬけたように立てなかった。ただなさけなく、あわれであった。

涙を見た大野はやや怯みを見せたが、ゆずらなかった。

「きみは堀江にしゃべっていないかもしれない。でも山田に話したのではないか。山田が堀江に注進したのだろう」。

山田というのは山田浩之。私とは大高で同期の文丙、足踏みした私より一年上になっていて、佐波宣平の交通論のゼミに属し、のち佐波の後継者として京大教授になる。本来は近経だが、佐波が歴史をやらなければ駄目だと考えてきたこともあり、彼自身歴史好きなところから本格的に資本主義成立期のイギリス経済史を堀江について学んでいた。幅の広い柔軟な発想の持ち主で、私と気が合い、互いに始終往き来していたことを大野も知っていたのである。歌人、作家で医師の上田三四二の佐波を描いた秀作「遁れぬ客」（『惜身命』所収）で佐波と上田の連絡係を務めた思慮深く、控え目な「Y助手」が山田であり、他人とのやりとりを軽率に人に告げるような男ではもちろんなかった。第一、「紅い灯」行き以来、私は彼と会っていないのである。

お互い言うだけのことを言って、大野もようやく納得したようであったが、しまいに執念深く「わかった。だが、山田に言うときは気をつけるんだ」と付け加えた。

### 「宇野派」という隙間風

大野が私に疑心暗鬼の矛先を向けたのには、別の要素もあったのではないか。二人の間には隙間が広がりつつあったのだと思う。

一つには、単純に、大野がドイツに集中して、そちらで忙しくなった。私が大学院に入った直後の六月から月一度自宅でドイツ史研究会を開くようになり、文学部の末川清や中村幹雄、野田宣雄といった気鋭の学者との交流が定期的に始まるが、私は勤めの関係もあって出席できなかった。さびしがりで人が来ないことを気にする性質の大野とは、それでまず疎遠になる要素ができる。

第二に、同じ六月、大野は国際経済学会で東北大の原田三郎のレーニン『帝国主義論』の論理構造についての報告を聞き、つよい感銘を受ける。勢い込んだ大野は次の静田の研究会で、その内容を詳細にわたって報告するが、静田は、原田の正統派的な枠内でのレーニンの議論の整理にはなんの新味も面白味もないとして、どこがいいのか、どこに原田の独自性があるのかを、クールに問い返す。

大野は熱っぽく説明を重ねたけれど、静田もわれわれをも納得させることができなかった。「でもすばらしかった」と粘る大野に静田は「よほどその原田という人は話が上手だったのですね」ととどめを刺す。教授と助教授の差は伊達にあるのではないことを見せつけられた。負けず嫌いの大野にとってくやしい経験だっただろう。

私はその報告のまえに大野と二人のときに、原田がよかったよと聞かされ、いつもの一言多い癖が出て、でも原田の『イギリス資本主義の研究』という本はつまらなかったが、と疑問を呈して「そんなことはわかっている」と不機嫌に叩き返された。それもあって報告のときは黙っていたのだが、私の沈黙は静田への同調と受け取られ、即労農派というきめつけにもつながったであろう。

やがて——半年もたたぬうちに——宇野弘蔵の「帝国主義論の方法について」が『思想』に載り、これこそがレーニンについて永らく疑問としてきた問題に初めて解決の糸口を与えてくれそうに思った。大野がいかに宇野嫌いであるかを知らない私は無神経に宇野礼賛を口にし、あとから思えばそのたびに大野は苦い顔になったようだ。学部学生時代の、私の顔を見てパッと明るくなる魅力的な笑顔はだんだんと私には見せなくなってきた。

それは私だけのことではなかった。一年まえに旧制大学院に入った川本和良は私以上に悩んでいたと思う。なにしろドイツ史専攻であるから、大野にとって畑違いであるイギリス専攻の私とは風圧がちがった。もっとあとのことだったかもしれないが、川本から自筆の書評原稿を見せられたことがある。勤務先の京都女子学園の紀要だったかに掲載予定ということだったが、大野の朱筆がすごかった。最初の十枚ぐらいは全行びっしり朱が入っていて、そのあとはさじを投げたといわんばかりに各ページに斜線が走っていた。これはもう全否定ではないか、私がこれをやられたら学問をつづけられるだろうか、と自問した。もっとも、その反面うらやましくもあった。ドイツをやっていたらこれくらい内稽古をつけてもらえるのかと。

川本は広島高師を出て旧制の経済学部在学中から京都女子学園の高校で非常勤の教鞭をとっていて、卒業とともに専任教諭となった。いつまでも広島弁のぬけぬ、村夫子然とした、飄々たる味のある人物だったが、私はのちに彼が原爆で妹を失い、自分も原爆症の恐怖のもとに生き続ける人であることを知る。ゼミでは元気に先生にも突っかかってゆく方で、「ああ、タ、カ、ハ、シくん」とてっぺんから湧いてくるような高い声で迎えてくれる彼にはいつもなごまされたが、大学院に入っていつの頃からか、元気がなくなってくる。

## 記念碑的処女作──『ドイツ金融資本成立史論』

けれども大野と私はまだまだ冷えきってはいなかった。

原田報告から間もなく私は大野から一通の手紙を見せられた。有斐閣の池淵昌からの丁重なドイツ経済史の単行本の執筆依頼であり、東北大の原田からの推薦があったことが付記されていた。有斐閣はもちろん当時第一級の社会科学系の出版社であり、そこから若い、まだ無名の大野に白羽の矢が立ったことは、私たちにとっても誇らしいことであった。また大野のアカデミック・キャリアの輝かしい出立点を記す歴史的瞬間を分かちもたせてもらえたことに、私は感激した。祝意を述べる私に大野は「うん」とだけうなずいて、しかしうれしそうだった。

そこからあとが速かった。翌年七月には『ドイツ金融資本成立史論』の原稿が完成する。最初の題名は「成立史論」ではなく「発生史論」であった──大塚久雄の『株式会社発生史論』が念頭にあったからだが、担当の澤部英一が「昆虫の発生みたいだ」と難色を示したので変更したという。これは変えてよかった。

翌一九五六年一月末に大野の文字通りの出世作が誕生する。これが彼の研究人生に及ぼした影響は小さくない。

第一に彼の交友範囲が大きく拡大した。本書はレーニンを基準としたという前半の金融資本分析より、ハルガルテンやケーアといったウェーバーの影響下にある未知の歴史家を使った政策分析の後半が新鮮で、経済史より文学部の西洋史で評判になり、西洋史の人たちとの交流が広がる。

他方、研究者の層の厚い東京との交流も、この本の出現とともに始まる。十一月末に住谷一彦が大野を訪れ、彼を仲立ちに松田智雄を中心とするドイツ史研究グループと大野ら京都組が一九五八年にドイツ経済史研究会――のちドイツ資本主義研究会――を形成し、強力な共同研究が出発する。

このように「京大に大野あり」と声名が高まるにつれて、学内でも一目置かれる存在になった。もはや人前で侮辱的な言葉を浴びせられたり、他大学への転出を思い惑うような、心もとなく、傷つきやすい青年ではなかった。大野はつよくなった。しかし、大野の気質が変わったわけではなく、彼を取り巻く環境がまったく別物になったわけでもない。同じようなことは時をおいて繰り返し起こる。

## 修士論文顚末

大野の本の出版と同じときに修士論文の期限が来て、私は途方に暮れていた。

甘く見ていたわけではないが高校教師との二足のわらじは容易なことではなく、暮れになってもテーマが見つからない始末で、提出論文のリハーサルの会でも、仕方がないから前にノートをとったほとんど無関係の本の紹介をしてお茶を濁す有様。大野は苦虫を嚙み潰したような顔で、口もきいてくれず、静田は当たり障りのない質問を一つ二つしてくれて、その場をとりつくろってくれた。いつもは威勢のいい越後もなにか言いかけて口をつぐむ。あんなに追い詰められたときはない。

とにかくなにかせねばならなかった。迷ったとき、困ったときには必ず元の場所に戻るというのは登山で身についた習慣で、それに頼ることにした。

出発点が問題だが、海外投資を選んだ。大野が初めて私にイギリスを割り当てたとき、どさりと机上に置かれた本のほとんどが海外投資関係だったことから、彼がまずその辺から入るべきではないかと考えていたことは推測がついていた。私がそれにすぐに従わなかったのは本当にそれでいいのか、もう少し自分なりにあちこち当たってみたかったからで、修士の二年間はあっという間にそれに費やされてしまって、しかもなんの成果も得られず、リングワンデルンク（悪天候の山中で同じところを回り歩くこと）を繰り返す体たらくになった。大野の学者としての鋭い勘に降参したかたちになるのはうれしくなかったが、私は白旗を揚げたのである。

海外投資のなにをやるのかも問題だったが、とにかく対象の全体としての輪郭を摑むのが先決と思い、最新の標準的な文献を探したものの、使えるものは日本語では絶無に等しかった。そうしたなか、大野が市川承八郎（神戸大学・西洋史）の論文を読んだかと教えてくれ、一読。これを出発点とすることに決める。綿密に書き込まれた論文で、初め読んだときは手も足も出ない感じ、参ったなァと思うが、徹底的に議論をなぞってゆくうちにふしぎにも自然と、ちがった道筋が見え始める。のちにプルーストがラスキンをとことん模倣した体験、ラスキン自身の自然模写体験を知る機会があって、このときを思い出した。懸命に草むしりをし、土をならしていくうちに道は広がり、脇筋も何本か姿を現す。

結局は、新帝国主義時代のイギリス海外投資の比較経済史的な特徴を拾いあげ、確証するといった鳥瞰的なペーパーになり、大学院生の論文にふさわしいとされた、小さな、限定されたテーマを取り上げたものにはならなかったのだが、問題が実力不相応に大きくても、切り口次第ではそれなりに論文たりえることがわかった。

手ごたえは感じても、大野の反応が気になった。彼もよほど気がかりだったのか、お宅に持参した原稿にその場で眼を通してくれた。一言「いいだろう」とだけ言い、照れ隠しのように「C・K・ホブスンの引き写しじゃないだろうな」と付け加えた。もうこの頃になるとこれが屈折した賛辞であることがわかるようになっていた。静田はなにもいわずに一カ所、「絶体的」を「絶対的」に直しただけで戻してくれた。それでも不安はあったが、修士論文の審査面接で三人の審査委員（静田、松井、堀江保蔵）から、交々「それにしてもきれいな論文だな」、「こんなにきれいに行けるものか」、「整いすぎる。歴史の論文というものはもっとごつごつしたものが必要なのじゃないかな」といった意外な講評が飛び出したことで、ひとまずはこれでいいのかとほっとした。「ごつごつしたものが必要」という評は静田から出た苦言であった。

修士課程を終えようかというときになって、大野の親友であった佐藤明から彼のいる関西学院大学の商学部で助手の募集があるので応募しないかと誘いがあった。私なりに迷いがあったが、結局話にのることになり、以来まったくちがった世界が開けることになる。

# 第五章　高商系私学という異文化体験

## 関学大からの誘い

佐藤明は当時関西学院大学商学部の助教授であった。大野宅で初めて会ったときは大野より一つ上なので三十歳。関学に口を利いてくれたときで三十四歳、ずっと産業革命史をやっていて、イギリス研究という共通項もあって私は大野の友人のなかでもいちばん話す機会が多かった。商学部では経済史を担当していた。

その若い佐藤が助手のポストを斡旋してくれた事情は以下のようである。

関学商学部ではその年三人の助手の採用を予定していた。学部の出身構成はほとんどが関学出身で、いわゆる自家養成主義。とくに会計、経営学といった基幹科目はほぼ完全に内部でおさえていた。こういう方式はお隣の経済学部に比べても甚だしかった。経済学部では一橋、神戸、京大、東大と少しずつあちこちから来ていて、比較的バランスがとれていた。

商学部のばあい高商以来、学園の中心学部であったという伝統への誇りもあっただろう。また実学系の科目はわざわざよそから引っ張ってくる必要も感じなかったのだろう。このときも二人は内部からということで決まっていた。金融論の町永昭五と会計学の深津比佐夫で、残りの経営学を外部からということだった。それがどういうことでか、佐藤を介して大野のところに回ってきたのである。

経営学系の重鎮は当時六十八歳の池内信行であった。

池内は興味深い人物で、ただの経営学者ではなかった。企業経営に役立つことを目指す実学的なそれではなく、経済学とのなんらかのかたちの統合を目指す「経営経済学」という当時の流れをつくりだした一方の旗頭であった。実地から議論を組み立てるタイプではなく、既存の学説を大きく摑みとって、そこから思弁を重ねて自説にたどりつく方で、むしろ「経営学方法論」とか「経営哲学」という括り方の方がわかりいいかもしれない。なかなか本論にたどり着けず、戦前の代表作の題名に「序説」の名のあることから「プレリュード学者」と揶揄されたりもした。龍野中学で同期だった三木清の影響も彼の文人気質にあずかって力あったかもしれない。

そうかと思うと若いときは阪神間モダニズムに身を浸していて、宝塚の大スター天津乙女と付き合いがあったといわれる。長身瘦軀、東京外語仕込みの語学力でコロンビア大学からベルリン大学に遊び、若いときはさぞと思わせるダンディで、終生独身、神戸岡本の便利なところにこわい顔をしたお手伝いのばあさんと二人で暮らしていた。

飄々とした風貌とくだけた神戸弁丸出しの口調にかかわらず、神経質で癇癖がつよかった。天気が悪いと休講という噂があり、話好きで弟子たちが週に三度は来ないと機嫌が悪くなるともささやかれた。俗物根性を嫌悪し、その確信犯的代表である会計学の大物青木倫太郎とは犬猿の仲、その取り巻き連を侮蔑していたのに、自分は弟子たちに取り巻かれなければ気がすまなかった。しかし、弟子の学問的水準には不満だったようで、彼らとはタイプもスケールもちがう、豪傑肌でありながら繊細な感性の佐藤に好感を抱いていた。また歴史好きなところから、いずれは経営学のなにかをやるにしても歴史はしっかり身につけておいてほしいと希望し、佐藤に人選を求めた、とそういうことだったらしい。

## 迷いと選択

佐藤は話を聞いてすぐ私を念頭に浮かべ「高橋君をほしい」と大野に指名したが、大野は自分としては川本和良を推したいと逆指名し、二人で相談した結果、川本、高橋の両名とも応募する意思があれば、二人には順位をつけず、教授会に出して選んでもらうということになった。

川本は私と似た状況にあった。彼についてはすでに触れたが、簡単に繰り返すと、二年年長、広島高師を卒業した段階で教職の免状が取れていたので、京大在学中は京都女子学園の社会科非常勤講師をしていて、学部を卒業と同時に正教諭になり、かたわら旧制大学院に通っていた。彼の院での指導教授は豊崎稔であった。といっても専攻はドイツ経済史で、もちろん実質的な指導は大野が行っていた。

私はこの話にはじつは迷いがあった。定時制高校が意外に住み心地がよく、生徒が好きになり、教えるということに目覚めた、とまあそういうことになろうか。自分の天職はもしかしたら研究より教育にあるのかもしれないと、いまから思うと冷汗の出るようなことを大真面目に考えていた。大野が川本を推した理由はわからないが、年長順とか能力、人物のほかに、私のそういう中途半端な気持ちを嫌ったということがあるかもしれない。もちろん、ずっと接触の多かった、より「内弟子的」な川本を第一にと自然に思ったのでもあろう。

静田均にもこの件を報告した。迷っていますと言ったら、ちょっとたじろぐほど強硬に迷うことはないと言われた。応じるべきだよ、定時制高校に骨を埋めるのがわるいとは言わないが、考えが甘い、やりたくない経営学をもたねばならないとしても、それくらいの専門の変更は誰でも経験することで、学問の幅を広げるつもりで積極的に挑戦すべきだと声を励ました。そもそもきみはなんのために大学院に来たのか、勉強が好きではなかったのか、今頃迷うなんて困ったものだなと突き放すような言い方もしたが、なぜか表情は終始温かった。

こうも言った。自分も初めは理論・学史をやるつもりが、法政大学では農業を、京城帝大では工業政策を仰せつかった。大野君も大学院に入るときは独占をやりたいと言っていたのが、蜷川さんに統計学や会計学までやらされたじゃないか。総退陣で蜷川さんが辞めていなければなにをさせられていたか――と。

帰り道考え込んでしまった。形ばかりの相談のつもりが思いのほかに強い、親身なメッセージを返されて、それまでのクールな印象の静田との距離が縮まったのはよかった。けれど「勉強が好きではなかったのか」と言われても、どんな勉強でも好きというわけではなく、経営学の研究がそんなに好きになれるとは思えない。相手が誰でもいい、結婚とはいいものだよと言われたような気になった。

とはいえ、結局私は静田の勧めを受け入れる恰好で関学の話に応じることにした。別の信頼していた相談相手の意見も静田と同じだったこともあった。佐藤明の好意がうれしかったことはもちろんである。自分のなかで十分整理しきれないままに、しかし、現実には逸れかけていた研究者コースに戻ったのである。

川本も応募することになり、商学部教授会にお任せとなった。選考の結果私が選ばれたと知らされ、大野のところに報告に行き、どうして私になったのかわかりませんと言ったら、むっつりしていた大野は不機嫌に「若いからだろう」とだけ答えた。

川本はこの一年後、立命館大学経済学部の特別研究生の公募試験を受け、四十七人中合格者は一人という難関を突破して実力の片鱗を見せる。ドイツ語は、試験問題の間違いを指摘するという受験生離れした力を認められて満点がついたと聞く。

## ロックフェラーの芝生　これぞ楽園

関西学院は京大とはまったくちがったところだった。

「昼どきに訪ねると正門の外には教職員が屯してタバコをふかしているよ、何しろミッションスクールだからな、構内禁煙なんだ」とおどかされて着任したが、それは昔のことであったらしい。

おどろきは正門をぬけたところで前面に広がる緩斜面の広大な芝生であった。ヴォーリズの設計した簡素に見えるが瀟洒な建物群をめぐらせ、正面に可愛い時計台、その向こうに甲山の緑を配した「上ヶ原牧場」といわれる風景である。戦後ロックフェラーが図書館の充実にと寄贈した資金をすべて回したという「英断」で、この中心芝生は知られていた。

吉田山を背負い楠の大木を前景において、くすんだ小豆色、ウィーン分離派のデザインを取り込んだといわれる高い時計台にまず視線が集まる京大の正門付近のたたずまいとは、緑の色からしてちがっていた。いまの私なら大学は関学の方が明るくて風通しがよさそうと思うのだが、若い私はそうは思わなかった。着任後まもなくゼミの三年後輩の肥前栄一（東京大学）が遊びに来て、こののびやかな眺めを見るなり「高橋さん、ここには社会科学は育ちませんね」と叫んだ。私は、彼も同じ感覚の持ち主であったことを知る。私たちにとって大学とは「神聖な恐怖の時間」の舞台にふさわしい厳粛な霊気を漂わせるところでなければならなかった。それが国立大学的感覚であり、またそういう時代でもあった。

それに実際問題として図書館の貧弱さは痛かった。入ってすぐ書庫を見せてもらったが、正直愕然とした。「学問の府とは言えないね。関西大学はもちろん、旧制七年制高校を母体の小さな甲南大学にも劣るよ」と佐藤はなげいていた。せめて個人図書費が潤沢であればと思ったが、当時は教授、助教授、講師、助手に階段的格差が付けられていて、助手は教授の四分の一しか割り当ててもらえなかった。

しかし、それを相殺するような「役得」もあった。助手には講義負担がなく、私のすることは学部事務室に届いた内外の学術雑誌を開封し、登録簿に書き込むことだけであった。いま考えてみると他の助手たちはなにをしていたのかといぶかしむが、教授の講義に出たり（いわゆる鞄持ち）、ゼミ生の面倒をみたり、学会の下働きをしたり、教授によってちがうもろもろの雑務があったりして、皆相当忙しそうに動いていたようだ。ところが池内は一切そういったことを命じなかった。みごとなほど自由にさせてくれていた。

そういうときはこちらからおうかがいを立てるか、押しかけで仕事をさせてもらうものだよと、のちに池内と険悪になってから、関係の人びとから呆れられたが、私は坊ちゃん育ちではないのにみごとなほどそうした気配りが欠如していた。もっとも池内は産業研究所の所長をやっていてそちらの助手が学内の用務をすべてさばいてくれていたから、することがなかったことはたしかである。

池内の講義を聴くといっても、私が遠い将来なにを専攻するかは曖昧なままに、現在のイギリス史の研究を当面続けていいらしいことは合意されていた。経営経済学史や経営学総論の講義に出るのは、池内が望めばともかく、時間つぶしにしか思えなかった。

というわけで雑誌の開封だけが私の仕事になる。入ってくる雑誌に真先に眼を通し、眼を惹くものがあれば、片端からノートにした。佐藤ががんばって必要な、とくに洋雑誌はおどろくほどの種類が入っていたので、商学部でありながら、社会・経済・政治・思想史関係の最新の情報にもれなく接することができた。最高のぜいたくであった。勤めをもち、いくつかのゼミに出、修士論文の重圧があったマスターの二年間のことを思えば、まるで火星に降り立ったように身体が軽く感じられた。おもしろい論文があれば、佐藤という最高の話し相手に中味を話して、手厳しくやりこめられては反論する繰り返しのなかから次のステップに進むことができたのも有難かった。家庭教師についているようなものであった。おまけにこの「家庭教師」氏とは、たいていは酒になって気焔を上げあい、悦楽はいやがうえにも増すのであった。

蛮カラ・ロマンチスト　佐藤明

佐藤は大野とは八高文乙時代からの莫逆の友であった。

八高の軍事教練のとき、大野が腰に手ぬぐいをぶら下げていたのを配属将校に咎められたことがある。旧制高校生の定番的風俗なのだが、軍人の目にはだらしなく映ったのであろう。長身で前列の端にいた大野が標的になり「大野、その手ぬぐいを取れ。お前は宿屋の宣伝をするつもりか」と言われ、反発した大野は思わず、手ぬぐいを取れというのならサーベルを取ったらどうか、と口走る。ただですむわけはなく、教練の後、配属将校室に来いということになり、大野が行くと佐藤が息せき切って救援にかけつけた。配属将校は古くからいて、八高の自由主義的空気をよく知っていたせいか、佐藤の迫力のせいか、それ以上の問題にならずにすむ。佐藤は精悍な赤ら顔で柔道三段の堂々たる体軀、クラスでは「低空飛行」の常連。鶴舞公園近くでストームが行われたときなどは、喫茶店のテーブルに上がってクロポトキンを賛美する演説をぶったという蛮カラ・ロマンチスト、さぞや迫力があったことだろう。

佐藤は長じても稚気がぬけぬところがあり、講師時代に大酔して阪急電車の送電塔に登り放歌高吟に及んだので、警官が駆けつけて取り押さえようとした。反官憲意識のなせるわざか、彼は警官を投げ飛ばすが、敵もさるもの、投げられながらちゃんと手錠はかけていた。「やるものだ。感心したよ」と佐藤。それはいいが、「関学講師佐藤明を知らないか」なんてわめいていたものだから阪急から抗議が来て、なにしろミッションスクール、小うるさい道徳家には事欠かず、学校の名誉を汚したと懲戒免職も話題に上ったそうだ。そのとき彼を救ったのが商学部長で保守派の頭目である青木倫太郎。「離婚して男手一つで幼児を育てていたら、たまにはハメも外すさ」と一喝して鎮火、敵陣営に塩を贈る大きいところを見せた。

それだけ佐藤に愛すべき人間的要素があったということでもあろう。「離婚して」云々というのは、こうである。

佐藤は戦争中特別幹部候補生経由で海軍将校になり、主計中尉で敗戦を迎え、間もなく結婚する。佐藤の言い方をそのまま伝えれば「オレは性欲の塊だった。女であればよかった。アナがあればよかった」。しかし、当然うまくいかなかった。再び佐藤の言葉――「あれはオレにふさわしい女でなかった。それに気づいて悔やんだ。別れようと申し出たが、受け入れられなかった。懇願しても威嚇しても駄目だった。おとなしい女だったが子供もできてつよくなっていた。そういう女と離婚するには鬼にならねばならなかった。どうしてもイヤという妻に判を押させたときには精も根も尽き果てた」。そこまでして別れ、さて自分にふさわしい人と結婚しようとして、いいと思う人は誰も相手にしてくれなかった。「オレは桑名の名家の出で、桑名中学に行ったが、あそこはレベルが低くて八高に入ろうと思えば主要科目は教師よりできなければならなかったが、オレはできた。家がよくて秀才だのに、再婚で子供がいるというだけで、相手にされないなんて、オレは泣いたよ」。

マルクス主義者のくせによくまあそんな科白《せりふ》がと思うし、いや第一、どこまで本気でしゃべっているのかわからない佐藤節《ぶし》だが、こういう話を十歳下の友人の弟子に真顔で聞かせるところに、彼の誰からも愛される所以があった。彼はのちに金日成の「チュチェ思想」に感銘して翻訳まで出したり、さらにのちにはカトリックの解放神学に共鳴して洗礼を受ける。こういう直情径行、侠気の塊でウソのない佐藤と、大野は大の親友なのであった。

## 商学部の人びと

他方また関学には牧歌的な空気が流れていた。学部のスタッフは京大で私の知っている人たちより総じて人当たりがよく、サーヴィス精神に富み、常識人であるとともに、阪神間の私学という外見からは意外かもしれないが、ナイーブな人、朴訥な人が少なくなかった。私は久しぶりの「お客さん」ということで注目され、大事にされた。誰や彼やに誘われて三宮の飲屋やバーに連れ歩かれるかと思うと、顔の利く元町の高級洋服店に連れて行かれて安い値でスーツを誂えさせられた。よほどひどいものを着ていたからだろうが、これで結婚式の衣装ができた。皆じつに親切だった。

面白かったのは暮れに学部長名でお歳暮が贈られてくること、正月は大阪の教会に礼拝に行ったあと、高級料理屋で新年宴会があったこと、賞与は学部長から手ずから渡されたことで、まるで個人商店だなと思った。

　若い先輩たちから次々に声がかかってあちこち引き回され、歓待されているうちに疑問が兆す。これはまるで先輩の手代や丁稚が新入りを可愛がってくれるようなものではないか。

　それは楽しいといえば楽しい。だが、どこか勝手がちがう。京大の大学院やゼミ、また定時制高校での会話に比べて話の中味があきらかにちがうのである。あちらでは畑違いの研究談義でも教えられることが多かったし、雑談は知的な刺激でいっぱいだった。それがいっぺんに変わった。ショックだったのは定時制高校の職員室の会話に比べても知的には別世界に来たと感じたことで、私立大学とはこんなものかとおどろく。まあ、北野の定時制はのちの経営史の重鎮・安岡重明が図書館の職員を勤めていたようなところだから、別格なのかもしれない。

　それは、言ってみれば、ふつうにいい人たちの集まりであった。もちろん商学部と言ったって学者をやろうという人たちなのだから、会社員の世界というよりはむかし経験した小学校教員の社会に近いと思えた。吉川英治の『宮本武蔵』が理屈っぽすぎてね、という人たちであった。それでも小学校とちがって「アカデミズム」の大切さはしきりに口にされた。とくに池内のグループにはその志向がつよかった。けれども、その内容の一部をつくっているはずのリベラルアーツの空気がほとんどなかった。もちろん官学アカデミズムと不可分に結びついている旧制高校的教養をいうのではない。一橋に代表されるような官立の旧制高商的教養からも遠いと思った。これについては、すぐあとで改めて見るとしよう。

商学部の大きな問題はスタッフの多くが自家培養組であって、公募による他所の大学出身者との競争的選抜がないため、広く人材を集めることができず、その結果として学界の水準を知らなかったことであろう。仲間だけを見てこんなものと思っていた。語学力もひどかった。私の二年後に助手採用の機会があって、商学部の歴史で初めての選考試験が行われた。ドイツ語では三人の受験者中、京大出身の福応健が九十点、神大からの某が六十点、内部からが三十点と開き、ショックを受けた試験委員の奥田勲教授から、京大の語学の時間数や特別の補講をやっているのかと問いただされ、やはりなにもわかっていないのだなと思った。

もちろん例外はあった。出身者でも経済原論の和田繁助教授の粘り強い思考力には敬服した。彼は旧経済学部の小宮門下の逸足で、商学部が分離独立の際池内が引っ張ったという。彼の、すべてを一に戻して考える哲学的といってよいオリジナルな経済学談義を聴くのはよろこびであった。しかし、残念ながらこういう人はまれで、私は佐藤や、やはり京大出の三浦信を除いては語り合える人のいない、旧制中学の知的飢餓の世界まで逆戻りをしたような気がした。和田でさえ、学生向けの講義ノート以外は一冊の著書もないままに終わる。もったいない話で、実家の「いずみや」の社長職を継ぐといった事情もあったろうが、私には関学の知的風土もあったと思えてならない。

こうした「書かざる学者」はかつては旧制高校の名物で、じつはそれこそが私の憧れの境地だった。書くのは好きだが、読むだけですむのならもっとうれしい。そういう人——もちろんその余滴を学生に分かつのを大きな悦びとする——が、大学でも、研究者の間にある比率で混在することはわるいことではない。いろいろのタイプの教師がいるのは学生にも大切なことなのだろう。だが、書く書かぬ以前の、学殖のない教員が多数を占めるようでは困ったものである。「上ヶ原牧場」の商学部の柵内は、もしかしたら昼寝専用の愚者の楽園と化しているのではないかと疑った。

旧制高校に入って初めて知った新鮮なおどろき、ああ自分は孤独ではない、同じ問題関心や悩みをもつ知的同伴者がこの世にはこんなにいるのかという驚きは大学に入っていささか減衰したものの、基本的には途絶えることなくつづいていた。それがここにいたって消滅しようとするかに見えた。私は公費でつくってもらった野球のユニフォームを着て他学部チームと草野球を楽しみながら、これは経験したことのない世界に入り込んだものよと、混乱していた。

## 高商的教養とは

たしかに私が入り込んだ関学商学部というところは、私立大学であり、旧制高商の歴史もあるという二つの経験したことのない世界を併せもつ学校であった。

官立の高等商業はまだしも見当がついた。語学の時間数では高校とそれほど差はないし、学校によっては人文学の系統にも相当力を注いでいた。帝国大学が七つ、高等学校が三十二（内地）しかないのだから、府県でも専門学校が最高学府というところは少なくなかった（十七県に及ぶ）。私はのちに伊藤整のことを調べていたとき、彼や小林多喜二の学んだ小樽高商が北海道では文系の最高学府であり、海外への雄飛を期して外国語に力を入れ、大西猪之介や大熊信行のような思想家的、詩人的肌合いの経済学者を迎え入れていたことを知る。

それは小樽だけのことではなく、商業教育の頂点に立っていた東京商科大学（現一橋大学）では、実学の府でありながら教養教育に異様なまでにこだわっていた。伊藤整は商大では内藤濯のフランス文学のゼミに属していたが、ここにはあと斎藤勇の英文学、吹田順助のドイツ文学をあわせ、三つの著名な学者が担当した外国文学のゼミが用意されていた。文学のゼミを出ても卒業できるのである。なぜそこまで商科大学で――と首をかしげたくなるが、そこには商大をめぐる独特の状況が投影していた。

一橋で海老池俊治の文芸社会学のゼミを出た一九三二年生まれの文芸評論家桶谷秀昭は商学部一年の経済通論の講義で、杉本栄一教授からどやされる。「こう見ていると、一橋に入って早々、毎日毎晩経済学の本を読んでいるのがいるが」、そういうのは「見込みがない」、「若い身空でそんな経済学の本なんて読む前にやるべきことがあるだろう――哲学と文学と歴史をやれ。それと語学と数学」と。それに影響されて、二年では哲学のゼミを選んだと語っている。高商型ではダメで旧制高校型の勉強をせよと公言していたわけだ。

杉本は視野の広い、とらわれない考えの経済学史家で、マルクス経済学を「近代経済学」に取り込むというユニークな試みを『近代経済学の解明』で行い、両極に分かれた経済学の世界にあって無視できない支持をかちえた――私も大学一年のとき『解明』に感動し、それが商学部から社会学部に移った桶谷とは逆に、文学部から経済学部に移る動機の一つだったことを思い出す。

彼のようなタイプの経済学者は東大にも京大にも現れなかった。一橋にはそうした流れの系譜があった。ここには京大における河上肇の向こうを張る存在として福田徳三という大物がいて、前記大熊信行、大西猪之介や大塚金之助といった個性的な学者を輩出した。大塚は福田の命で数理経済学を学ぶためドイツに行ったがマルクス経済学者として帰国した変り種で、歌人としても知られる。

## 一橋の悲願

ここで注目したいのは一橋には東京高商の時代、商科大学に昇格したいという悲願があったことで、その母体として専攻部があったが、文部省は商科大学も「大学」である限り、単なる実学習得の場であってはならず、学の蘊奥を究めるべしとの趣旨から東大法学部のなかにつくるのを適当とし、法学部の教授会もその案を可決し、専攻科の廃止が決まった。つまり商科大学的部分は東大に併呑され、高商のステイタスに留まれというのである。

これに猛反発した高商の学生は総退学を決議するという大騒ぎとなった。これが有名な申酉《しんゆう》事件(明治四十二年)である。第一銀行の渋沢栄一の仲裁で専攻部の存続と学生の復帰、校長の辞職で決着を見る。夏目漱石の『それから』の冒頭には、世間は学生に肩入れしているようだけど、その必要があるか、と主人公の代助が書生に語る場面がある。実業家嫌いの漱石には、文部省には反抗しても渋沢のいうことには従う実業家の卵の姿は苦々しかったのだろう。

中西事件の一橋に与えた長期的教訓は大きかった。早稲田の大隈重信は事件に際して『二六新報』をあやつって学生をあふり、総退学した高商生を早稲田に受け入れようとたくらんだという、俄かには信じられないような噂もあったが、まさに解体の危機にあったわけだ。

教訓の一つは団結の大切さで、一橋校友の結束力には定評がある。卒業生名簿の整備一つをとってもそうで、お粗末な京大経済学部のそれとちがって、学生は就職のとき大いに役立てると聞く。

もう一つは単科大学でなく総合大学として認められねばというステイタス意識で、一橋の過剰なまでの「教養」への傾斜の動機の幾分かはここにあるのではないか。ときに一高に匹敵するほどの難関でありながら、商業専門学校というだけで常にいちだん下に見られるくやしさ。こうした実学、商業蔑視は新制大学の学長給与にまで及び、一橋のそれは東大、京大の二大学はおろか、他の旧帝大や東京教育大学にも及ばなかった。

その屈辱的な給与を受け取っていた学長たちには、しかし皮肉にも、しばしば東大、京大の学長（いや総長であったか）に劣らぬ教養人が名を列ねていた。都留重人、上原専禄、増田四郎、阿部謹也――阿部には『「教養」とは何か』という著書もあって、そこで彼は独自の、あたらしい教養論を提起する。古典的な個人的教養ではなく、職業人生を経過した常人の教養を説いたもので、どこかこれも「一橋的教養」の一つの到達点かという気がしなくはない。その阿部に「それをやらなければ生きていけないことをテーマとせよ」と教えた師であるドイツ中世史の上原専禄は、あえて言えば学長離れした学者で、社会学部を創設し、かたわら平和運動に打ち込むかと思えば突然一橋を辞し、妻の死を契機に日蓮宗にのめりこみ、ほとんど理解不能の著述を残した——烈しい生き方で生涯を貫いた人物である。こういう人を学長に選んだところに、一橋の意外に知られざる一面があるのではないだろうか。

関学商学部はそれとはおよそ趣を異にした。きれいさっぱりと官立高商的カラーとは無縁であった。東大への対抗意識とまではいかなくても反発のつよかった一橋に対して、関学は神戸大学（高商として出発、商科大学、経済大学となる）にたいしてさえ対抗意識をもたなかった。あるとすればむしろ役割分担であろうか。うちは商社のサラリーマンの養成所なんだといったたぐいの自己限定があったように思う。スタッフの自家養成方式もそこに根ざした賢いやりかたであったのかもしれない。

商科の総合大学をつくろうという福田徳三的発想は、もしかしたらハーバードやベルリンに学んだ池内にはあったかもしれない。池内が経済理論の秀才和田を引っ張ったり、佐藤や商学の三浦信（浪速高校—京大経）、吉田和夫（同志社大）、少し空いて私、福応健（経営史）を京大から、松代和郎（産業構造論）を神戸大学から入れるというふうに外部から積極的に多面的な人材を招こうとしたのも、そうした気分が、どれだけ意識的であるかは別として、彼にあったからだろう。内部からは和田を除くと杉原信男一人であり、商学部全体の自家養成の空気とは異質の世界をつくっていた。

## 新米助手の反乱

池内にそうした意図があったとすれば、私は結果的に彼のせっかくの想いを裏切ることになった。生意気にも大先生に盾ついて、見放されたのである。

最初に神戸岡本の池内邸に挨拶に行ったのは採用されて間もないときで、佐藤が付いてきてくれた。彼は機嫌よく、主に佐藤に話しかけ、雑談中心に首尾よく進んでいた。終わりかけに池内の著書の話が出、私がなにかしゃべらなくてはならぬ空気になったので、彼の著書は読んでいないことを告白し、読むつもりですと言った。あとで知ったのだが、これがコツンときたらしい。

読んでいないのはいい、「読むつもり」とはなんだ、「読んでやるよ」といった言い草に聞えるじゃないか、と池内は怒ったそうである。なるほど、いまの私ならせめて「読みたいと思っていました」ぐらいには言うだろうが、あの頃の私は妻の言うには「刃物が背広を着て歩いている感じ」だったそうで、権威には不必要に突っ張るところがあり、それが態度に出たのであろう。

池内に対しては、ほかにも不要な突っ張りを演じて見せた。彼の弟子たちは「岡本詣で」といって、頻繁に池内を訪ねた。池内が話好き、人の集まりが好きだのに学校にあまり出てこないからで、なかには週に三回は必ず顔を出すつわものもいた。「だからきみも気をつけなさい」と、親切な先輩は忠告してくれた。池内は魅力的な人で、話柄も豊富だったから、それが愉しみで集まると考えればいいのだろうが、未熟な私は心中反発した。そんなゴマスリができるか、第一、週三回なんていつ勉強するんだ、と。もちろん忠告には従わなかった。

池内は講義以外には出てこないので、顔を合わせることがなく、三カ月後にやっと偶然に出会った。新月クラブという教員専用のおしゃれな食堂で、池内は人と食事中だったので、ご無沙汰お詫びの挨拶をしてほかの席で食事をすませ、先に席を立ち会釈して去ろうとしたら、「きみ、ちょっと」と言われたので、そのまま脇に立った。

彼は悠々と談笑をつづけていたが、相手はこちらに気兼ねしてか、やがて席を立つ。そのあとも彼は食事をつづけ、私はお言葉がないので立ったままでいた。池内はコーヒーを自分の分だけ注文して、運ばれてきたそれをうまそうにすすってから、やおらこちらに向き直り、やっと口を開く。

「何を言いたいかわかるか。ぼくはこの学校に三十八年勤めたが、きみのような生意気なやつは見たことがない」と言い放ったあと、言葉を切って「何か言うことがあるか」とつづく。

えらいことになったと思ったが、もう引っ込みがつかない。ずっと立たされていて、傷つきやすいプライド過剰の青年は腹も立っていた。知らぬ間に言葉が出てきた。

「私は自分が完全な人間だと思っていません。欠点だらけであろうと思います。生意気と言われればそうなのでしょう。しかし、鈍感なのでどこが生意気なのか、具体的におっしゃっていただかないとわからないのです。どうかおっしゃってください」

と切り口上で言いながら、ああ、これではいっそう怒らせるだろうなと観念した。「具体的に」というのが挑発的で、ろくに顔を出さないのが生意気だとは、それは言いにくいだろう。池内は激昂し、声を荒げた。

「それを生意気というんや。わからんか」

ああ、絶望的に事態は悪化するなあと思いながら、口は「わかりません」と言い放って、池内をにらみつけた。「わからんのならしゃあないな」と彼は投げ出し、「行っていいよ」とそっぽを向いてことは終わった。

新米助手の反乱事件はすぐ広まり、大騒ぎになった。和田、杉原、三浦ら助教授クラスは、和解のために池内を訪ねるようアレンジしてくれ、こんな古臭い体質はわれわれもなんとかしたいと思っている。頑張って少しずつ進みたいと思っているので、きみはちょっと抑えてくれ、とじつにやさしかった。教授たちは概してあまりいい反応でなく、怖い動物を見る感じから、面白そうと騒動期待組までさまざまであった。佐藤は池内と親しいから当惑しただろうが、なにも言わず、いちばんよろこんでいるのは学部内の反動派だから、子供のけんかみたいなことはやめて、えらい人の方が大人の襟度を示さねばならぬと、池内を説いたふしがある。

どういう話し合いでそうなったのか知らないが、杉原らの恒例の池内邸訪問に私がついて行くというかたちをとって和解会見は実現した。私が謝ることは要求されなかったし、そうしなかった。事件については誰も触れなかった。あとは私が自然なかたちで関係修復に努めればよかったのだろうが、それは当時の私の器量ではできなかった。

次に大野に会ったとき、もう知っていて「佐藤から聞いた。池内さんとやったそうだな」と小さく笑い、池内とはこういう人なんだとこちらの知らなかったエピソードを教えてくれたが、中味は思い出せない。意外に親近感をもっているのだなという印象をもった。またそのとき大野が相当経営学関係の本を読んでいることを知り、いつも感じる彼の社会科学の読書量のすごさをあらためて思い知る。

## 処女論文と大野

新刊洋雑誌を読み漁ってばかりというわけにはいかない。修士論文の書き直しにかかった。後半の投資資金の調達のメカニズムはこれまで誰も手をつけていないところで、面接のとき堀江保蔵が、ここまでやるとは、と「目配りの広さ」を褒めてくれたところだが、じつのところ資料不足で自信がなかった。で、そこは省いてまとめにかかる。商学部の紀要に「第一次大戦前のイギリス海外投資」というタイトルでのせた。

刷り上ったものを大野にもってゆくと修士論文の原稿のときと同じく眼の前で一気に読み上げ、一カ所冒頭に近いところで「レーニン『帝国主義論』のいうように」と書いたところを取り上げて「ぼくはこういう書き方は（権威主義的で）嫌いだな」と切り捨てた。これは私には意外だった。というのは大野自身『ドイツ金融資本成立史論』の「序言」でこう書いているからだ。

わたくしは、産業資本の段階から金融資本の段階への推転の過程にある各国資本主義の構造変化の分析のための基準をレーニン『帝国主義論』のうちにもとめて、各国金融資本の歴史的・具体的機構の比較史的研究を思いたち、まずさしあたって、ドイツ金融資本成立史の分析を新しい研究道程の出立点にすえたのである。

そういう疑問は感じたものの、私自身、すぐレーニンを担ぎ出す風潮はいやで、ここは気になっていた。書いたものの「格」を下げるようなことはするな、と言われたような気がした。そう考えると「序言」のレーニン引用は、よかれあしかれ中心的メッセージだが、私のほうは書かずもがなのことだった。

右の苦言のほかにもう一言あった。「きみの論文は経済史の論文で歴史の論文ではないからな」と。経済領域に絞りこんでの分析だから当然のことだのに、もっと政治史的・社会史的側面も入れなければという注文なのである。静田の「もっとごつごつしたものが必要」に似た、典型的な無いものねだり評であるが、照れ屋の大野としてはほかに文句をつけることがなかったということだろう。大野は抜き刷りを二十部届けるように指示した。

ぼんやり者の私はなんのためかも考えていなかったが、間もなく論文への反響がきた。文学部西洋史の中山治一教授からのはがきで、大野からもらって論文を読んだ、一度会って話を聴きたいので、都合を聞きたいとあった。中山は当時精力的に大戦前の英独外交史の論文を発表していて、私は推理小説を読むような興味でそれを愛読していた。おそるおそる研究室に伺候すると、長身の闊達な中山は挨拶もそこそこにいくつかの質問をしたのち、一カ所、イムラーという学者の、出たばかりの国際金融の大著を使った箇所を挙げて、あの本はぼくも読んだがきみのような読み方ができるとは思いもよらなかったと誉めてくれ、いちど顔を見ておきたかったと笑った。今風に言うと舞い上がる思いだった。

次の論文は「大不況下の関税改革運動」というタイトルで、自由貿易王国イギリスの保護関税への挫折した動きを紹介、その意味を考えようとしたもので、前作よりあちこちで引用された。大野は一読して「きみのは歴史の論文で、経済史の論文ではないからな」と、まえとちょうど反対の注文をつけた。「先生、天邪鬼も大概にしてくださいよ」と言いたいところだったが、二人の関係はこの頃安定していた。こちらが順調に仕事をしていれば、大野が気難しくなることはなさそうだった。

## 仲人を頼む

助手の二年目に私は結婚した。二十六歳になる二日前で、当時としても、とくに研究者では早いほうだったが、付き合いも長いので決まりをつけることにした。相手は「りんごのこころ」という文章（『東西食卓異聞』所収）に登場させた「眼鏡の少女」であったが、どうも「思わせぶりな登場のさせ方で、知りたいところがぬけている」と評判が悪いので、大野との関わりで必要な部分の穴埋めをしておく。

彼女は金谷史子といい、京都下京の扇子屋（製造・卸）の次女で、私とは二つ違い、高校在学中から肺結核を病み、夏の療養先の信州富士見で私と知り合った。私は学部の四回生で、ゼミのリポート作成のためヘルマン・レヴィの大著を一冊だけ抱えて、彼女が滞在していた大きな農家にやってきたのである。

かなり進行した結核患者のくせにふしぎに明るく、人と距離を置かない子で、張りのある声でいつも歌を唄っていた。よくもこれだけ歌詞を知っているものよと呆れた。京都に帰ってから付き合うようになり、私はよろず隠し事のできない性質なので、大野にもそれが知られ、いちど連れて来いよと言われた。「行きます」と本人が言うのでのこのこ連れてゆくが、病が進行していて体力がないので中座せざるをえなくなり、結核ではずっと苦しんできた大野は、なぜあんなひどい状態の人を連れてきたりするのだと怒る。

もうあまり長く生きられないだろうが、京大で文学を勉強したいという希望をずっともっていて、これまでにも挑戦したが失敗していた。お節介な私は短期決戦の作戦を立て、数学科の友人多賀谷彊（のち灘高教諭）に数学の家庭教師を頼み、私が英語を教えることにした。理数系の力があることがわかり、多賀谷は数学科へ行けばいいのにと惜しがった。半分ベッドでの生活を送りながら翌春の入試に合格してすぐ休学、まだ実験段階であった肺切除の手術を受けて幸せにも一年後には快復して復学する。

英文科だったので、ラテン語をとらねばならなかったが、その先生が偶然大野の八高の一年上で高校生時代から友人にも尊敬されていた山田晶で、史子は山田の妹の親友であるところから、この名著『アウグスチヌス講話』の著者の知遇を得ていた。クラスで顔を憶えられているのは彼女一人とあって毎回私だけが当てられるのよ、としんそこ閉口していた。大野とはたまに構内で出くわすことがあったが、「いつもにこにこしながら、恥ずかしそうに姿を消さはる」ということだった。

関学に就職できたのを機会に結婚をしようとしたが、両家ともに親が反対した。高橋家は史子の健康に不安があり、金谷の方は私の経済的将来に不安があった。とくに金谷の父は強硬であった。解決策になるかわからなかったが、大野に説得方を依頼した。例によって口にはしないが、彼が史子に好感をもっていたことは明らかだったので、思い切って頼んだ。もちろん仲人役も頼むつもりだった。

大野は役に立てるかとためらっていたが引き受けて、金谷家に乗り込んでくれた。私について相当細かいことまでしつこく問いただされたらしく、憮然たる面持ちで「不愉快だったよ」と洩らしたけれど、相手方は態度を軟化させ、結局結婚を認めた。「りっぱな先生だ」と言っていたそうである。私でなく大野を見込んだかたちであった。

彼は仲人も承諾してくれた。披露は京都の小さなホテルで友人からは会費を取り、目上の人は祝いをはずむだろうと招待し、スピーチを中心とする貧乏婚にした。友人中心だから平服と決めたが、大野はモーニング着用にこだわった。彼らしくないなと不思議だったが、当日になって彼の一張羅が病気で太る前につくったかなりちんちくりんなものであるのを見て、わるいことをしたと後悔した。しかし、こちらもモーニングをつくるゆとりはなかった。

会費制は珍しかったので、声をかけた全員が来てくれた。大野は「オレは立場上あまりくさすわけにはいかないので、オレの分までこきおろしてやってくれ」とゼミの仲間たちをけしかけていたようだが、彼らは報復を恐れてか乗らず、代わって三浦信と大学院の友人でイギリス経済史の武暢夫（富山大学）が、私の「道徳的欠陥」を披露するユーモラスなスピーチをやってくれて、会場を沸かせ、私に冷汗をかかせた。この言葉はかつて大野が私の放言癖と「心臓の強さ」にあきれて使った言葉である。司会は佐波の助手になっていた前記山田浩之と、やはり大高の同級生だった佐野哲郎（京都大学）が務めてくれた。史子は澄子夫人と親しくなれたのがうれしかったようだ。

## 思い出したくない思い出

そうこうするうちに三年の助手の期限切れが近づいてきた。ふつうに業績を出し、特別なことがなければ講師に昇進する慣例で、まれに業績が振るわぬ者には一年の延長が課せられることがあったが、延長もしないで打ち切り（解雇）という例はそれまでにはなかった。

しかし、どうも雲行きがおかしい、もしかしたら前例のないことが起こるかもしれないという観測が現れ始めた。私が「特別なこと」をやらかした、文字通りの「道徳的欠陥」のある助手だからである。それは池内への反乱だけではなかった。彼との関係修復は、かたちのうえでは平穏で、結婚披露にも出席して無難な祝辞をしてくれさえしたが、根本的にうまくいったとはいえず、冷えたままであった。そのうえ私はさらにトラブルをつくった。

思い出したくないものだから、記憶の細部はきれいに消されているのだが、研究会合宿があってその夜、若手の多くが集まってなにか研究上の一般的な話をしていたと思う。ある専任講師が中心になってしゃべっていた。この人は善良で私はきらいな人ではなかったが、話はいつもまどろっこしく見当外れのことが多かった。そのときも珍説としか思えぬことを得々と語り、また似たようなレベルの人たちが相槌を打ってけっこう盛り上がっていた。

彼は私に好意をもっていて、不運なことにこちらに水を向けてきた。いらついていた私はそれはおかしい、と答えてしまい、やりとりをしているうちに抑制が効かなくなった。からかうつもりがいじめになった。やめたいと思いながら、いっそう底意地悪く問い詰めた。詰まる相手を嵩にかかって打ちのめした。「愚者の楽園」を画にかいたような空気に反発して始まったのに、自分の方がもっと愚かな、いや恥ずべきことをしているなと思いながら、茫然と自分の口からひどい言葉が出てくるのを聴いていた。その場はシーンとなっていた。彼の笑いかけてとまったような、かなしげな眼を忘れることができない。

翌日佐藤は「あほなことをしたそうやな。あんないい奴を」と叱っただけですませてくれた。講師氏には謝るべきだと思ったが、その勇気がなかった。こう書くとなんだか『ぼくたちはどう生きるか』といった少年物語の世界みたいで、まったくそのままの幼稚さなのだが、周りはそれではすまなかった。「京大出の秀才が、学者としての能力はともかく、善良このうえない関学出身の年長者に人前で恥をかかせた」という、そう言われても仕方のない感じで噂が飛び交った。商学部の反池内の守旧派は勢いづき、池内はいっそう苦い顔をしたらしい。

これは単発的なできごとではなかったろう。私は、たしかに妻が言ったように「刃物が背広を着て歩いている」ようなところがあって、人触れば人を斬る、扱いにくさのある、関学商学部とはまったくの異物的、エイリアン的存在であった。愚者の自覚の無い愚者に過度にいらつくところがあった。たぶん自分のなかに鈍感さと過敏さが同居していて折り合いがわるかったからだったろう。三浦信はみごとに同化していて、「住みよい所ですよ、でもあなたは『べんかん』の大野さんの弟子ですからね」と、いらつきがちな私をいさめ、からかった。「べんかん」とは前にも書いたが、行沢健三夫人の大野評で、「がり勉」に近いあまりいいニュアンスの言葉でないことをのちに知る。三浦は行沢夫人とはマージャン友達であった。

## 楽園追放

池内と私の関係が必ずしもよくないと知った反池内派は、私を切っても強い反発はないと踏んで助手の期限を延長しない方針を固め、根回しをしたらしい。折悪しく三浦がイタリア留学に出発し、不在となった。勘のいい佐藤は危ないと感じ、大野に知らせて私の弁護をするようにと、池内に会いに行かせた。

ところが大野はさっそく足を運んでくれたのはいいが、私についての苦情を池内が縷々述べたのにたいして、一切弁護せず、それどころか一緒になってあいつは怪しからん、生意気な奴だと大いに盛り上がったらしい。そういえば、あるとき大野は私に「きみは池内さんやボスどもに圧迫されているそうだな」と言い、すぐ「圧迫しとるのはきみの方とちがうか」とうれしそうに笑ったことがある。そういう認識だったのかもしれない。横で聞いていた佐藤はあきれたと言い、実質的指導教授が「道徳的欠陥」を力強く裏書するのでは、池内さんだって会議で弁護の材料が無いじゃないか、と怒った。

教授会の夕方佐藤は私宅まで来てくれて、玄関先で結果だけを告げ、詳しいことは口にしなかった。寒いなかオーバーを脱ぎ、つらそうで、こちらは申し訳なく身が縮む思いだった。妻にしきりに自分の非力を謝っていた。大野を恨む気はなかった。身から出た錆だし、恨むには彼を知りすぎていた。池内と二人で私をこきおろしたとはいかにも大野らしいとおかしみさえ感じ、ああこういう感覚が「生意気」なのだろうな、池内の言うとおりだと妙に納得した。

大野らしさがフルに発揮されたのはその夜おそくだった。さすがに私は参っていて、親友の山田浩之（当時京大助手）を京都から塚口（尼崎）の寓居まで呼び出し、経過をしゃべって気を紛らわせていたところに、突然大野が訪ねてきた。あとで知ったのだが佐藤が怒鳴り込んで大野を罵倒し、初めてことの重大性を悟ったということらしい。

大きな手土産を提げていて、これから池内さんのところへ行くからついて来いという。そんなことをしてもいまさらどうにもならないと、さらにあきれたが、思い詰めたような勢いに圧され、私はなんという人格的威力のない男かと自分を情けなく思いながら、同時にこうなればどこまでも見届けてやれという観察者的気分にもなって、あとに従う。

池内は会ってくれ、大野となにかしきりに話していたが、中味はまったく憶えていない。もちろん結果が覆るわけもない。こうして私の楽園は消えうせ、職探しが始まる。

# 第六章　破　門

## 友だちの出番　救いの神、尼崎製鐵

職探しを始めてわかったことは友人の力であった。

大野には頼める状況でないことははっきりしていたし、静田は弟子の就職に力があるとはいえなかった。振り返ってみると私は就職のことをまるで考えないで、大学院の所属を選んでいたのであった。佐藤は頼もしい存在だし、真剣になってくれていたが、あいにくとイギリス留学を控えていて当てにすることはできなかった。自分であちこち伝手を求めて奔走するほかなかった。

意外だったのは関学の旧同僚たちが親切に心配してくれたことで、なかでも私の言葉の暴力の犠牲になった講師氏が親身になって世話をしてくれようとしたのは、おどろきを通り越して不気味に感じたほどであった。私の就職の世話はむりとしてもわが家の生計のたしにと、妻の仕事探しに懸命になってくれた。夫人が神戸女学院の先生をしていて顔が広かったのである。

史子はちょうど学部を卒業して英文科の主任教授である中西信太郎から京都の府立高校の話をもらっていた。大阪に近く通勤の便がよくて申し分のない話だったが、家に介護の必要な病人が出たので、時間の自由が利く家庭教師などに限ることにして、それを辞退し、適当な口を捜していた。講師氏は関学の教職員組合の非常勤書記の口をもってきてくれ、そこはとても居心地がよかったので私の就職が決まってからもかなり長く勤めていた。「みんないい人ばっかり」と彼女はいつも口にしていた。私が俗物としてこきおろしていた某は高級レストランで食事をおごってくれ、「ご主人は誤解しておられるが、私にはまったく悪意はなかった」と、なんの必要もないのに、言葉を尽くして弁解したそうだ。「どうしてこんなによくしてくれるのかしら」と彼女はいぶかった。解雇というのは一介の助手でも大学社会では集団的罪障感を生むほどの衝撃的な事件なのかもしれない。

助手仲間でいちばん親しかった町永昭五はアメリカ留学中であったが、顚末を知らせて大学で職が見つからないようなら会社に行ってもいい、とにかく困っていると書いたら、さっそく父君町永三郎に連絡を取ってくれた。三郎は神戸製鋼所の社長をしていたが、銑鋼一貫メーカーを目指し、尼崎製鐵を合併してその社長になったところで、景気がやや上向きかけたこともあって、初の修士の採用に興味を示した。すぐ人事課長から連絡があり、取締役管理部長と同人事部長の面接があってその場で採用となった。あっけにとられる速さだった。

面接のさい、やはり大学に行きたいのではないかと訊かれたので、そうだと答え、じつは採用決定を待っているところがあると打ち明けた。

話は前後するが、町永に依頼をしたすぐあと甲南大学の話が持ち上がっていた。経済学部を経済・法・経営の三学部に拡充する計画があって、増員を予定していたが、文部省の認可が遅れ、五月頃には決めたいのが延び延びになっていた。経済政策・工業経済系で講師・助教授を一人予定していて、数人の候補がいるが、私が有力だと聞かされていた。

尼崎製鐵としては六月末までは待つが、それが限度だと言い、それまでに決断してほしいと言い渡された。甲南に問い合わせると、たぶん大丈夫と思うが、約束はできないということだった。私は決心して尼崎製鐵に行くことにした。私の性癖でいろいろ聞いているうちに鉄鋼業というものにむくむくと興味が湧いてきたのである。それに面接のとき、関学をしくじった事情について一言も尋ねられなかったので、気になりませんかとこちらからズバリ訊いてみたら、大学と会社はちがうから訊いても仕方がないと自信ありげに言い、「見損なっていたら鍛えるまでです。鉄屋やから」と笑った。気分のいいところだなと思った。それもあった。

ここでは四カ月あまりしか在職しなかったが、その間は本当に大事にしてもらった。本書のテーマと関わりが薄いから省くが、各社の最新鋭設備を次々と私一人のために見学させてくれ、日本鉄鋼連盟と高炉メーカー各社の調査マンと合宿しての需要予測作業に参加させてもらい、会社にいるときは高炉の神様といわれる古老がふらりと現れ、現場に連れ出されては、掃除の仕方が安全にいかに響くかまで教えてくれる。なにもなければUSスチール編の『鉄鋼製造法』に読みふける。これは徹頭徹尾技術の本で、前の席にいる技術者に手ほどきしてもらった。大学院以上に大学院生的な生活だと思った。

大野にはいきさつを報告したが、どういう反応であったか、まったく記憶が欠落している。複雑な気持ちだったろうと思う。断固として研究者の道を貫こうとしない私の根性なさを不甲斐ないと思う気持ちはあっただろうが、自分のエラーもあり叱咤するわけにもいかない。そんなところではなかったか。

私はといえば、大野との関係だけでいうと、会社員になってよかったのではないかと思った。研究者として育てようと思うからこそ要求水準も高くなるし、接触機会の多さからときには神経がむき出しになることもあろう。私も川本も、社会人になったOBに比べて、大野との関係ではたえず緊張を強いられていた。石神力や田主信生（摂津市助役）、勝田倫吉らの大野との屈託ない付き合いが、ときにうらやましかったものだ。すこし距離を置いた関係になって、取っ組み合いのバカ騒ぎの昔に戻るのは望めないにしても（私は酔って先生を投げ飛ばしたこともある）、穏やかにそれぞれの世界を語り合うようになるのもいいなと思った。

静田は定時制高校に留まろうと思ったときは猛反対したのに、こんどはよかったではないかと機嫌がよく、さては研究者としての私を評価していなかったのかと、いささか傷ついた。ただ彼は越後和典のときのように会社経験をもつことが学者としても積極的な意味があると考えていたふしもある。彼はすぐに、就職希望の学生を送ってよこしたりした。ついでだが、この学生はテストの点は高かったのに、面接のときカッターシャツ姿で現れたので、不合格になった。鉄屋さんにはそういう古い面も残っていた。

## 甲南大学へ移る

秋口になって、甲南大学で窓口になってくれていた山口和男助教授から、話が本決まりになり、人事委員会では一致してきみを専任講師として採用すると決定したので、なんとか来てくれないかと言ってきた。即座に断った。尼鐵には一カ月も待ってもらったうえで決めたので、信義の上からもどうにもなりませんと言うほかなかった。

もともと甲南の話に道をつけてくれたのは山田浩之であった。有徳人である彼は顔の広さを生かして、失職した私をあちこち連れ回ってくれた。最初の人は指導教授である佐波宣平で、佐波はとりあえずの仕事として三和銀行に委嘱されたバンク・オブ・アメリカの社史の監訳仕事の下請けをくれる。英語の力を見たいとのことだった。彼はユニークなものの見方の人で、私が関学を追放されたことを聞くと「その人は共産主義者ですか」と訊き、山田が否定すると次には「人を批判する人ですか」と訊ねたという。山田は返答に窮した。「きみは批判をする人でないとはいえないからな。問題は批判の質とレトリックで、そこにきみの面白さがあるのだが」。

次に連れて行ってくれたのが山口和男のところであった。出口門下でドイツ社会思想史専攻の、秀才そのものといった山口は、しかし、下世話な人事の機微にもよく通じていて、明快に甲南の現況を説明し、学部増設の申請が通れば可能性があるから待ってはと言ってくれたのであった。

私を口説きに来たのはその山口和男とKという、六十近くの年配の教授であった。Kは学部長の大山敷太郎に所用があって代理で来たといい、私が信義にもとるようなことはできないというと、では会社が納得して円満に退社できるなら来てもらえるかと、一歩進めてきた。それならいいけれど、私が行きたがっているなんて言ってもらっては困る、すべて社長の意向に従うつもりでいるのだから、と答えた。翌日事情の報告に町永社長のお宅にうかがった。町永は技術屋出身の直裁さと静かな威厳を兼ね具えた堂々たる人物であったが、すでに事態を知っていて、怒りがおさえられない様子に見えた。

「昨夜甲南大学の学部長という男が会いたいといってきたから、学生の就職でも頼みにきたのかと思って会ってやったら、高橋を割愛してもらえないかなんていうではないか。なにを言うか、せがれが友達をなんとかしてくれというから、人事部長らの意見を聞いたら会社に必要な人材というので採った、評判がよくて将来の幹部として楽しみにして大事に育てている、それをどうして譲ったりできるか、本人も承知なのか、と聞いたら承知だという、いったいどうなっているのだ」

とかんかんだった。それは事実の全部ではないことを説明し、私を割愛したくないという気持ちは有難いし、それを無視して出たいとはもとから考えていない、必要というご判断であれば残るつもりでいます、と述べ、町永はひとまず怒りをおさめた。

翌日会社に出たらすぐ人事部長に呼ばれた。

「社長から話を聞いた、割愛なんて認められんし、本人も残ると言っているが、どうするか、と言われるから、それは社長、間違っている、これまでの経過からいって本人の気持ちは本当は研究生活の継続にあるので、それを止めても無理がある。経験上こういうことに無理はよくないと申しあげたら、社長もきみがそう言うのならと了承された。社長も私たちへの遠慮があってきついことを言われたのだと思う。いい学者になってお返ししてください」と予想を超えた寛大な会社の判断を示してくれた。いまは神戸製鋼所に吸収されているが、この会社と町永ら関係の人びとには足を向けては寝られない。

## 破局へ

甲南が学部増設申請上ひどく急いでいたので、事前に大野と静田に事情の報告をするゆとりがなく、判を押したあとになった。まえにも言ったが、この時代は電話をもっている家が少なくて、京大でも学部長になると任期中は公費で電話を引いてくれたほど。大野家も静田家も電話がなく（大野には呼び出しがあった）、また電話でことをすませるという習慣もなかった。

静田は甲南と縁が深い。というのは、大学設立時に懇望されて学長に就任した京大の理学部長だった荒勝文策が、同じとき経済学部長であった静田と肝胆相照らす仲で、静田は定年後甲南に移るかもしれぬといわれたりもしていた。いわば彼のテリトリーに属する学校であったが、甲南の話が持ち上がるまでそのことは知らなかった。そのとき相談に乗ってもらったこともあり、まずは彼のところに報告に行かねばなるまいと思った。

静田は話を聞いて、それは仕方なかったが事前に相談して欲しかったと釘を刺し、私はああ、やはりそういうものかと首をすくめた。しかし、そのあとはくつろいだ表情で甲南についての四方山話に移り、いろいろと教えてくれた。Kが京大の選科出身で河上肇のゼミにいたと称していると山口から聞いたが、自分は知らないとか、和歌山大学から自分と京大同期の金持一郎が新学部の経済政策の教授に赴任した、きみの上長になるが本は書いていない、穏やかで癖のない人物だよ、その下は中村忠一君か、豊崎さんの助手をしていて筆の早い人だ、といった話に花が咲いた。

大野のところには静田のあと回ろうと初めは考えたが、静田との話が長くなるだろうと思い、しかし、静田より後の日になったことがわかれば立腹するだろうなと懸念され、迷った末とりあえず妻に報告に行かせた。仲人をしてもらっているのだから奥様へのご無沙汰お詫びを兼ねてというぐらいのつもりもあった。もちろんあとで本人がちゃんとご挨拶に参りますので、と言ったのだが、このご都合主義が事態をこじらせたらしい。すぐある人から大野が、高橋はお気に入りの奥さんを差し向け、自分は逃げたと怒っているという話が入ってきて、うんざりした。なぜそんないやな受け取り方をするのか、となさけなく思った。

数日後山口和男がある研究会で大野に顔を合わせた。眼から鼻へ抜けるように気のつく山口は家が大野の近くにあって昔から気心知った仲であるところから、会ったらぼくから大野さんによく説明しておくよと言っていた。彼は気難しいからな、ぼくが余計なことをしやがってと思っているかもしれないし、自分に内緒でことを運んだと邪推しているかもしれない、と。会のあと山口は大野を摑まえて「大野さん、高橋君のことで話を聞いていただきたいのですが」と話しかけたが、大野は立ち止まろうともせず、「いいです、わかっています」と切り口上で繰り返し、急ぎ足に立ち去ったという。

こちらは師の非礼を詫びるほかなかった。

それでも次の週に学部ゼミのあとのコンパの案内が来ていたので、重い足を運んだ。いまから考えるとしばらく冷却期間を置くべきだったかもしれない。

会場にはほかに大学院生はいなかった。この頃には川本のほか二年下の福応健、三年下の肥前栄一、大月誠がいたのだが、この日は顔を見なかった。大野は学生と談笑していたが、入ってきた私を見て硬い表情になった。世話掛の学生が空いていた大野の横に当然のように案内したので、そこに会釈して座り、ご無沙汰を詫びた。大野は聴かなかったふりをしてぷいと立ち上がり、少し離れたところの学生の間に割って入り、わざとらしくジョークを言って笑った。針のむしろとはこのことかと思った。屈辱を感じた。

コンパが始まり、そのうちに幹事から自己紹介をうながされたので、簡単に経歴といまなにを勉強しているかを話して終わりかけたら、突然大野が口を開いて「高橋君は宇野派なんだ。ぼくとは考えがちがうんだ。宇野派だということを認めたまえ」と叫ぶ。

「いや、そうではありません、宇野弘蔵氏の、ステレオタイプでないマルクス理解の姿勢には敬意をもっているし、彼の帝国主義論へのアプローチにも聴くべきユニークな点があると思っているが、疑問も多くもっている。宇野派などといわれるようなたいそうなものではありません」と、これまでにも大野に語ったとおりに答えたが、大野はおっ被せるように「いや、宇野派なんだ。ぼくは宇野派は理論的にもナンセンスだが、感情的にも嫌いなんだ」と言い放った。

私はなにを言っても無駄と悟って黙りこみ、大野ももう口を開かなかった。頃合いを見て私は辞去したが、状況のあまりの異様さに隣に座っていた学生が心配して、自分も早く帰らねばならないからと郊外電車の駅まで送ってくれた。この学生はなにか気になるところがあったのか、数日後わざわざ遠路をわが家まで訪ねてくれた。留守だったので、妻とすこし言葉を交わしただけだったらしい。若いのに心遣いのできるこの学生――山田恒夫（三菱電機で人事畑を歩む）――とはそれ以後も会合で顔を合わせることはあったが、ついにあの日の出来事について触れたことはない。なにごとが起こったのか、私にもよくわからなかったのだ。

十年の破門

その翌日であったと思う。用件があって京都に出たら、ばったり川本和良に出会った。彼はこれまた偶然大野に会いに行くところで、喫茶店に入って私の置かれた状況を聴いてもらった。耳を傾けていた川本は、憤懣やるかたない私にうなずきながら、こう言った。

「高橋くん、どっちを選ぶかですよ。学問をどこまでもやりたいのなら、どんな眼にあっても先生についてゆくしかない。それができないのなら離れるしかないでしょう」。

川本がそこまで考え詰めているとは思わなかった私はおどろきながら、反駁した。「でも理不尽ですよ。人前でおまえは思想がわるいから嫌いだと言われ、バチルスみたいに同席を避けられる。人間として耐えられない仕打ちとは思いませんか。いくら弟子といってもですよ」。川本はぼそりと言った。「私は奴隷になっても先生についてゆきます」。私はそのとき彼はどうかしていると啞然としながらも、不意に彼が原爆体験をもつ諦念の人であることを愕然と思い出した。その場では、ぼくはそんな状態に堪える気はない、研究者である以前に人間であることを選ぶとか、威勢のいいことを口にして別れたのだが、そう言う自分がいかにも薄っぺらに見え、みじめさがつのった。

そして以後十年、大野からの一切の音信は絶えた。電話も手紙も抜刷もふっつりと来なくなった。私は考えた末、年賀状だけは出し続けたが、返事はなかった。その間に本も書き、「まえがき」には大野への謝辞も入れ、贈呈したが、やはり返事はなかった。こういう状態はどう言えばいいのか。大時代な言葉だが「破門」というのがふさわしいのだろうという気がした。実態はむしろ「絶交」というに近いのだろうが、最後に大野が叫んだ「宇野派」であることが理由の絶交とするなら、「破門」としてもおかしくはない。講座派の大野が、彼から見て異端である宇野派に寝返った私を裁く宗教裁判といったところだからである。そんな大時代な状況にわが身が置かれようとは思いもかけなかった。

### かえりみすれば

いま振り返って、大野のこのときの行動と三年前の池内の「生意気」騒ぎとは奇妙に似たところがあると思う。どちらも私のそれまでの言動にいらだっていた。ただ大野は私を批判するのに「生意気」と言う言葉を使ったことはなく、代わりに「道徳的欠陥」という言葉を、ときに冗談めかして、ある時期よく使った。なにをもってそういうのか、大野は具体的にはなかなか言わなかった。言わないものだから不満が溜まって激烈な表現になる。たぶんその繰り返しがあったのだろう。

こういうことがあった。佐藤明が、大野がこんなものを手紙に同封して送ってきたよと見せてくれたものがある。私の大野宛のはがきであった。はがきの三分の一ぐらいは書き損ねた文章を私の手で黒く塗りつぶしてあり、余白を書面にしている。つまり私は廃物利用をしたわけだ。一見して冷汗が出た。友人同士ならいざしらず、先生に対する礼儀ではない。当時の私は物事を割り切って考える、こわいもの知らずのところがあった。その反面には、割り切られることを好まない周囲への鈍感さ——想像力の欠如——があった。大野の手紙には一言のコメントもなかったそうだが、メッセージは明白であった。それは大野がもっとも嫌う「狎れ」であった。

河上肇の『自叙伝』の有名な場面に、マルクス主義に没入中の河上がその面では先輩である弟子たちからも学ぼうと努めていたある日、弟子の鈴木安蔵が河上と向かい合って股火鉢——といってもわかるかどうか、火鉢にまたがって暖を取ること——をしていて、くさい靴下が河上の面前に突き出されたことが描かれている。もちろん鈴木のしたことは世間的には顰蹙ものであって、彼はああ書かれたことでずいぶんつらい立場に置かれただろう。もし大野に河上の文才と悪意があって『自叙伝』を書いていたら、私は鈴木と同じ「狎れ狎れしい」奴として悪名をさらすことになったかもしれない。

しかし、それだけのことであるなら、なぜ大野は、そして河上も、行儀の悪さを直接咎めなかったのだろう。あれはいかんよ、けしからん、と。それは教師の仕事の一部であってもいいのではないだろうか。

それをしなかったのはほかに理由があったのだ、といまになって私は思う。それは二人の資性の差がしだいに顕在化し、それにつれて二人の関係に変化が兆してきて、私の単なる行儀の悪さや放言失言のたぐいを「尊敬の欠如」というもっと深刻な問題と大野が受け取り、不快感を覚えるようになったということではないか。私自身は気づかなかったのだが、師事するというよりは兄事するに近くなっていたのかもしれない。

それは尊敬の念が目減りしたというようなことではなく、尊敬のかたちが変わってきたということなのだが、大野にはそうは受け取れなかった。

もともと私が彼に心服したのは教えの中味のゆたかさとか、ゼミのレベルの高さとか、あるいは大野の知的な蓄積の大きささでさえなく、もっと私にとって肝要なこと——研究者としての姿勢——が第一であり、「先導者」、あるいは「同伴者」としてのすごさがそれにつづいた。一方では研究上の高い能力、おどろくべき勤勉さ、持続力、そのどこかに入るのかもしれないが特筆すべき几帳面さがそうであり、他方ではそうしたすべてを可能にした強固な意志の力があった。もう一つの特徴である彼の勉強好きは尊敬の対象というよりは羨望の対象かもしれない。いずれにせよ、私は一種「神聖な火」を彼の背中にいつも感じ、それを導きとしてきた。これらは先生からでなく兄貴的存在からも受け取ることのできる「徳」であろう。

いずれにせよ大野は「ぼくのヒーロー」であり、私は自然彼の真似をした。畳み掛けるような早口、独特の抑揚、右上がりの端正な筆跡、せっかちさはすべて模倣の対象になった。口の悪さはいちばん困った継承財産で、大野に出会ってから、かなり「安心して」舌禍をひき起こすようになる。といっても大野自身は慎重で、辛辣な口を利くときは相手を選んでいた。私は大野に比べるとはるかに相手の反応に「鈍感」であるうえに、レトリック、ヴォキャブラリーの多彩さだけは彼に負けていなかったので、あちこちで風波を起こす。大野は見掛けより慎重で、舌禍を起こしたことはなかったのではないか。

模倣をやめようと思えば模倣をするほかないというのは修士論文で苦しんだときの発見であるが、たわいない癖の真似からはなかなか抜けられなかった。もっと重要な歴史的なものの見方——比較と関係、型と段階、構造と動態といった切り方——も長く私のなかに残った。

しかし、文体や発想は、これらも真似ようとしたのに、すぐさま彼の影響から脱け出した。正確には真似ようとしたことを通じて、本来の自分が発見できたのだと思う。それは、自分の文章力が大野に劣らぬのではないかとか、もっと柔軟で広い発想ができるのではないか、さらにはずっと度胸が据わっているらしいと気づいたといった面を含むが、しかし、それによって自信を得たことはたしかとしても、その中味は、たとえば重田澄男がゼミの指導者として大野を「頼りない」と感じたこと、河上肇の場合でいえば、高弟櫛田民蔵が師の理論水準を自分に劣ると思ったことに似たなにかを、おそまきながら私も感じるようになったというのとは必ずしも同じではない。これは微妙な点であり、終章で立ち帰ることとしよう。

## 資性の違い

私がまず気づいた大野の自分とのちがいは、彼の発想や表現が鋭いが固いところにあった。初めは鋭さや速さしか見えなかったが、やがて彼がストレートしか投げられない剛球派投手であることを知る。

大野の好んだゲームに「インスピレーション」というのがある。いくつものヴァリエーションがあるようだが、われわれの遊んだタイプは、二チームに分かれ、相手チームに交替で題を出し、短文を書かせ、それぞれを誰が書いたかを当て、当てた数の多い方が勝ちとなるというものだった。題を出すほうは相手方のメンバーの個性をあぶり出せるようなものを選ぶのがコツであり、それを受けて書くほうは自分の性格をたくみに消し、あわよくばほかのメンバーと誤解させるような文章を書くのが望ましい。なかなかに知的なゲームなのである。

ところが大野はこれが苦手であった。出題や当てるのはまあまあなのだが、当てられやすかった。本人はけっこう懸命に当てられまいとしているのだが、正直すぎるというべきか、決まった発想やスタイルからぬけられないようだった。面白いほど当てられた。私はひそかに「標的艦大野」と、同世代でなければわからぬせりふをつぶやき、同じチームになると彼の文体模写をやって、もう一人の大野をつくり相手を惑わせるのを愉しんだ。

尾上久雄は人物月旦の名人で、あるとき私に「置塩（信雄）さんは立場は固いが、頭は柔らかい。大野さんは立場は柔らかいが頭は固い」と言って笑った。

置塩は人も知る（共産）党員学者であるが、数理的な近代経済学のすぐれた理論家である。対するに大野は政治的立場はリベラルなのに、いざ学問となると奇妙に旧講座派・大塚史学に固執して自由が利かなくなる。とりわけ理由はよくわからないが、労農派・宇野派を敵視する。そういうことを指しているのであろう。先日確認のため尾上に電話したら、そんなうまいこと誰が言いましたか、ハハハと煙に巻かれた。彼は元の立場は硬かったようだが、私と知り合うようになってからは立場も頭もやわらか派であった。

こんなこともあった。ずっとのちのことだが、大野との間で宮永昌男の話が出た。宮永は商社にしばらく勤めたあと結局大学院に入り、最初はアメリカの産業史をやっていたが、途中で見切りをつけ水資源研究の日本での開拓者的なひとりになっていたのだが、大野はこぼした。「宮永君もへんなことをやっている。水なんて経済学の対象になるのか。あれは自由財だろう」と。これは単純な無知というよりは経済学の果たすべき役割についての硬直した思考の反映としかいいようがない。

この硬直性は大野のリゴリズム志向の裏側ともいえる。不断の努力によりつくられた思考の厳密さはいかにも学者らしい学者をつくったが、反面ふくらみに欠けた、やせた思考をもたらしかねない。しかし、大本はやはり資質であろう。まえに記したが、彼には二分法的な性向がつよく、白か黒か、善か悪か、敵か味方かを峻別しないと気がすまないところがあった。条件によっては白にも黒にも見えたりする、とか善とも悪ともいえる、といった両義的な議論は嫌われた。「要するにどっちなんだ」というのが彼の口癖の一つであった。

そうした自分のある意味での「狭さ」を自覚するところはあったようだ。どういうことからそういう話になったのか記憶が飛んでいるのだが、かなり烈しいやりとりののち「きみはぼくを研究者としてしか評価していないのとちがうか。人間としては認めていないのだろう」といった意味のことを言われたことがあった。どういうことですか、と訊きかえしたら「学者としてはえらくても人間的には幼稚と思っているのだろう」と来た。

それなら彼の芳しからぬ癖まで身につけるわけはない。私の気持はそんな批評家的な余裕のあるものではなかったのだが、そうは言えなかった。私はそのときも、たしか「まあ、そういうところはありますね。そんなことをおっしゃるぐらいですから」と一言多く返し、ああ悲劇的な意地の張り合いだなと心中なげくのであった。

大野の奇妙な二元論は、学問から離れた生き方の次元になるといっそうひどく、極端から極端に走るときがあった。いじめられたと感じるともう京大には居たくないと思いつめ、転出のための行動を起こすのはその例で、まえに見た名古屋大学のほかにも、のちには神奈川大学に出ようとして、これは公式の話になり、騒ぎになった。親しかった人と喧嘩別れを幾度も繰り返したのもそれである。河上肇は人にほれ込みやすくて初対面ではたいてい満点をつけ、そのうちに一挙に零点に落ち込み、晩年は夫人以外の人をほとんど信じなかったと聞くが、大野にもその傾きはあった。私とのばあいは、あいつはオレを認めていないというかたちをとっての、いわばその予告編であったかもしれない。

# 第七章　自立の効用

## 普請と地震――揺れる甲南大学経済学部

甲南に来て私は初めて大野との師弟関係のしがらみから解放されて、ほのかな解放感を味わっていた。あれほど先生というものをいわば必需品として生きかたに組み込んでいた自分は何であったのかといぶかりたくなる日々であった。小学校以来初めて先生のいない生活をエンジョイしていた。だが、その一方でなにか落ち着かないものも感じていた。もう私には先生は不要なのか、自立とはなにか。しかし、そんなことをちゃんと考える間もなく、一九五九年十月に新しい職場に入ってゆくことになる。

甲南大学は関学の半分ほどの規模の小さい私立大学だった。東京でいえば成蹊、成城、武蔵、学習院といった旧制七年制高校（中学四年・高校三年）を母体とする、阪神間の裕福な子弟の坊ちゃん学校として知られていた。商経中心の実学カラーの関学に対して文理中心の教養カラーの学校で、大学になって初めて経済学部ができ、やがてそれが法学部、経営学部をスピンアウトして社会科学系の三学部を構成する。その切り替えの要員として、三学部分離の前夜に着任したばかりだから、まさに普請中であった。

一九五一年の学部創設時の顔ぶれは元京大教授の谷口吉彦と元神戸大学長の丸谷嘉市（初代学部長）が中心で、Kらが加わったが、谷口は一九五五年に香川大学長に選ばれて去る。私が加わったとき学部長の大山敷太郎も三年半前に立命館大学から移ってきたばかり。金持一郎と統計学の馬場吉行は半年前に、財政学の大畑文七は半年遅れて移ってきた。馬場と大畑は滋賀大学からで、大畑は財政社会学の開拓者、あちこちで学長、校長を歴任した「大物」として知られていた。ちなみに大山は後に『幕末財政金融史論』で日本学士院賞を受ける。しかし、学界不案内の私にはむしろ前田義信、溝川喜一、中村忠一、山口和男の助教授陣の方が活気ある清新な顔ぶれと映っていた。それに半年遅れて清水義夫、中山大が入って、新学部がスタートする。

しかし、陣容はまだ十分でないので、若い層の充実を目指して三人の増員がきまった。ところがこれが災いを招く種子になる。

四人の候補が現れ、その内訳は山口が推した出口ゼミの後輩の高橋正立（京大）、溝川が推した岸本誠二郎ゼミの後輩の永友育雄（桃山学院大―甲南大）、大山が推した大山ジュニア、当時学部長であったKが推したKジュニアであったが、大山ジュニアは大山の長男、KジュニアはKの長男であった。大山とKは自分の科目を息子に継がせようとしたのである。批判の声が挙ったが、二人とも息子がいかに優秀かを説いて撤回しようとせず、それを思い留まらせるだけの力のある教授がいなかったので実質選考に入る。

山口の推した高橋が文句なく選に入ったが、あとは難航した。溝川推薦の永友にはKが反対した。永友を採ると二人のジュニアのどちらかが落ちる、その二人を比べると衆目の見るところ大山ジュニアの旗色がいいので、両ジュニアを抱き合わせにして採用しようとし、永友を落とそうとしたのである。大山も反対しなかった。息子が選ばれればあとはどうでもよかったと思われても仕方がない。Kは学部長をしていて、その方向でことを運ぼうとした。

溝川は憤激し、人事投票権をもたぬ助教授・講師を含め、学部の大勢も彼を支持した。業績から見て大山ジュニアはともかく、修士論文以外の活字業績のないKジュニアを永友に優先させるいかなる根拠もありえなかったからである。落選の気配濃厚となり、Kもいったんはあきらめた。

しかし、土壇場になってK夫人が「息子がだめで大山さんの子が入るのなら、私、あなたと別れます」と言い出す。私は当時Kと同じ甲南の教員住宅に住んでいたが、Kがしょんぼりと前触れもなくわが家に入ってきたことを思い出す。ちょうど中村忠一が来ていたところだった。「きみたちはうちの家庭を壊すつもりか」と彼は切り出し、なんのことかといぶかるわれわれに夫人の言い分を伝え「アレ（夫人）は気の強い女で言い出したら退かん。別れると言うたら必ず別れる。それではわしは生きていけんのじゃ」と、途方もないことを言い始めた。

たしかにK夫人はきつい人で、教員住宅の夫人たちに君臨し、体育の先生の若い奥さんはいつも私用にあごで使われてオロオロしていた。妻はかわいがられた方で、いちど家庭教師の口があれば世話してほしいと頼んだら、そんなの、女ではよほどの学歴がなければだめで、あんたどこ出たのと訊かれ、ありのままを答えたら、うそだろうと言われ、卒業証書をもって来いと言われて目を白黒させていたことがある。そういう奥方であってみればKの苦衷も察するが、K家の家庭平和のために人事を左右するわけにもいかぬので、お引取り願うほかなかった。

万策尽きたKはちゃぶ台をひっくり返した。人事の全部をつぶしにかかったのである。まず内定していた高橋については、学生運動で処分を受けた危険分子であることを最近（というのは虚偽）知ったので推薦を撤回すると学長に報告。ここから先はあまり語りたくないが、あまりの卑劣さに激昂した新米助教授の私が先頭に立って教員協議会でKを烈しく糾弾する。またやってしまったと半ば後悔しながら。

Kはそのときは顔面蒼白、言葉に詰まって立ち往生したが、翌日には、予定の行動であったかのように「高橋助教授から公式の会議の席上で侮辱を受けたので学部長の職を全うできない」と、名指しで私を非難する内容の辞表を学長に提出した。学長としては辞表を受理すると、高橋がKを侮辱したという事実を公的に認めることになり、私の処分も考えねばならないので、うかつな処理もできず、預かりになる。そうなると人事はストップし、消滅せざるをえない。

## 再生への道

事態の打開を図ろうという努力がそれなりになされたが、教授たちは平和愛好家ばかりで、Kへの部長辞任勧告文などでも彼をこわがって、署名順を年長か先任にするかで譲り合い、はては百姓一揆のときの傘書きを採用しようという議論までが出る始末。たまりかねた私は「よろしければ、年少順で私が筆頭に名を書かせていただきますよ」と、また一言余分な口をはさむ。悲惨な滑稽ぶりをさらけだすが、結果としてこの紛争はそれまでの惰性の膿を出し切ることにもなる。教授たちはこの過程で権威を失い、実質的な権限の若手への移行が実現することになった。

これは小さな「革命」であったが、同時に「独立革命」的な性格ももつことになる。「平和愛好家」の教授たちは丸谷を除く全員が京大出身で、地方の国立大学や大きな私学をへて、五十歳を過ぎてから甲南で平穏な余生を送るつもりでいた。半分お客さんだから争い、好まず、無道がまかり通っても闘おうとはしない。

そこへゆくと若手は先が長いから仕事場の環境をよくしないとわが身にはねかえる。もちろん他の大学に転出してもいいのだが、そうチャンスがあるわけではなく、また当時は職場を変えると給与面でのかなりの不利益を覚悟しなければならなかった。長居するとなると、力のあるちゃんとした仲間をもつことは、切磋琢磨という意味でも切実な問題で、世襲の仲間だらけなんてとんでもない。そんなことを思いついたり許容したりするのは、京大という一つの大学で固めたうえ、定年・準定年移籍組が教授の多数を占める仲良しクラブ的体制が温床になっているからだろう。

それを壊さねばという意識が高まってきたところに、大学院設立という追い風が吹いた。資格審査の結果、業績の乏しいＫは大学院ではゼミはおろか講義の担当資格も認められず、発言権は地に落ちた。逆に若手の先鋒格である前田義信はどちらの資格も認められ、勢力交替の象徴となる。Ｋのもつ社会政策は、税理士試験免除に必要な重要科目であったため、京大の岸本英太郎が非常勤で代講を務め、やがて彼の弟子である熊沢誠が専任講師に着任して、のち経済学部黄金時代の柱となる。もしあのとき若手が頑張って「二世人事」を阻止しなかったら、学部の歴史は相当変わったものとなっていたに違いない。

学部では次のことが申し合わされた。かなり物騒な提案で、言い出したのはまたしても私。なんの異論もなく決まる。

定年教授は受け入れない（すでに約束のある場合を除く）。着任後二十年ぐらいは在任できる人であることを目安にする。そうすると五十歳前後が着任年齢の上限となる（「物騒」といったのはこれによって甲南を再就職先の当てにできなくなった人が、京大を中心に何人か出たからである。ただ、りっぱだと思ったのは、それで京大関係から恨まれたり不快視された記憶はない。おそらく最大の「被害者」であったはずの出口勇蔵は、後述するが、私におどろくほどの好意を寄せてくれた）。

出身大学はなるべく固まらないように留意する。

第一項の精神が生かされた最初の移籍教授が杉原四郎であった。彼の着任によって学部の空気が大きく変わる。アカデミズムが身体化されたかたちで現前したのである。

杉原から「盗む」

それに先立って大学院要員として京大から山崎武雄と東京商大出身の山田一雄が神戸商科大学から一九六五年に着任していた。その前年、前々年に若手の中心を構成していた中村忠一、溝川喜一が立命館大学と京大教養部に移ったので、新任の山崎（当時五十一歳）が前田とならんで学部運営の中心に座を占めることになる。緻密な前田が制度面の整備や、不毛な「二世人事」でこじれていた学長との関係修復に当たり、山崎が人材の補強に力を用いた。翌年には早くも熊沢誠を獲得し、以後毎年のように人材をふやしてゆく。

一九七〇年には初めての公募で瀧澤秀樹が日本経済史の助手に選ばれた。彼は東大の大塚久雄ゼミの出身であった。二年後やはり東大から金融論の吉沢英成が着任し、すでに着任していた財政学の森恒夫と合わせて、京大偏向はかなり正されることになる。吉沢はのち『貨幣と象徴』でサントリー学芸賞を受ける。瀧澤はアジア太平洋学会特別賞を、熊沢と同時に着任の小林清晃は日本交通学会賞を受賞。甲南経済学部の「小さな革命」が開花しつつあった。

そして瀧澤と同じ年、杉原が関西大学から移ってきた。彼は五十歳。すでに世評の高い『ミルとマルクス』をはじめ、『マルクス経済学の形成』、『マルクス経済学への道』の著者であった。学問以外でも有能で信用があるものだから、どうしても要職を委ねられることになり、すでに教学部長という重職を経験させられていて、学長に選ばれる日も遠くないことは眼に見えていた。

関西大学のような大きく複雑な問題を抱えたところで学長をやることは、彼が天職と信じていた研究生活の継続を事実上不可能とする。五十歳の杉原にとってそれは耐え難かったにちがいなく、甲南に移ったのはそうした状況からの脱出という意味があったことは疑いない。そういう事情を承知し、大物移籍を齟齬なく遂行させた名伯楽の山崎がいなければこの大型人事は成功しなかっただろう。

着任の挨拶を彼は久保田万太郎の句「新参の身にあかあかと灯りけり」でさらりと結んだ。彼が水原秋桜子門下の俳人であることは知っていたので、さすが粋なものと感心しながら、同時に杉原ほどの経歴で「新参」は謙遜に過ぎて嫌味ではあるまいかと、かすかな違和感を覚えた。彼が来ることを知ったときの山口和男の言葉を思い出した――「秀才やで。けむたいぜ」。才気煥発の山口が「秀才やで」というのはおかしかったが、彼に悪意はない。ただ「インテリやくざ」と呼ばれるのを喜んだ、崩れた美学を愛する山口には、杉原はあまりに紳士で取り澄まして見えたのだろう。

だがその印象はすぐさま修正をよぎなくされる。

当時私は三十八歳、杉原とは十二歳ちがい、三年まえに処女作を出し、つづいてイギリス留学を終えたばかりの成り立て教授で、産業の実態と政策思想の両面からイギリス社会主義の多様な可能性を探ろうとしていた。杉原とはイギリス近代というゆるやかな関心の重なりでしかなかったが、その並みでない学殖の一端は承知していて、彼を迎えることができたのは私にとっても稀なる幸運、この機会に盗めるだけのものを盗もうではないかと待ちかまえていた。甲南で私ほどつよい「犯意」を抱いて彼を待ちわびていた者はたぶんいなかっただろう。師を失った「飢餓感」もあったかもしれない。しかし、目論見はあざやかに外された。逆にこちらが質問攻めにあったのである。

杉原は周到に甲南のこと、おどろくべきことには私のことまで調べてあって、すぐ会いにきて丁重かつ徹底的に質問を浴びせかけた。こわいことに彼は本気で「新参」のつもりでいたらしい。いや、おそらく彼はどこへいっても常に「新参」として知のアンテナを立てたのではないか。

おかげでこちらは十年も在職した甲南の蔵書の内容についても中途半端なことしか知らないでいたことをまず思い知らされ、冷汗をかく。やりかけた仕事の隠された意味についても質問のかたちで逆に教えられる。なんと意地の悪いと、人によっては思いかねない徹底振りに私は快くシャッポを脱ぎ、盗賊仲間としても大先輩とひたすら舌を巻くのであった。知れば知るほど知りたいことは増えるものらしい、これではまるでコレクションが溜まる一方の博物館ではないかと空恐ろしさを覚えた。

その一方で「盗ませる」ことについてはじつに気前がよかった。その点では発信型の博物館だと思った。こんな貴重な資料をと危ぶむようなものまで、ノートに記帳さえ要求せず、快く貸してくれた。これはどうかと押し売りならぬ「押し貸し」までしてくれた。それがまたこちらの状況を見抜いたような適切な助け舟になることが多かった。おそろしく察しのいい人だった。

訊きたいことにはこのうえない明快さ、懇切さで答えてくれた。書誌の分野になると、まさに手取り足取りの行き届いた案内になり、彼の編著『日本の経済雑誌』で「鉱工業雑誌」の章を執筆したときなど入手しにくい材料の仕入れはすべて彼の提供によるもので、こんなに楽な、まるで月面で兎跳びをしているような論文作成を味わったことはなかった。私は杉原を「教授の教授」(arch-professor)と呼んだ。

## 杉原の「わかりやすさ」

杉原の親切さはその書いたものにも現れていた。わかりやすさは大野にはない杉原の美質であった。わかりよいのは文章のことだけではない。書誌学の大家だけあって彼は自己の仕事にもいつもきちんと「目次」をつけ、「注釈」、「索引」を施すのを怠らなかった。仕事の中味、業績の意味について絶えず整理し、問題を立て直して、省察をあらたにしていたのである。三十数冊に及ぶ著書のいたるところで、過去の自己との対話が重複を極力避けながら繰り返されているのはみごとなほどである。

だから藤原書店から『杉原四郎著作集』全四巻が刊行されることになったときも、旧友の角山栄は「絶対に自分がやろうなどとしてはいけない。完全に人に任せなさい」と助言したが、杉原はにこにこしながら聞くふりをして、それを守らず、二人の令息だけを頼りに自分の流儀で作業を進めた。角山はもちろん杉原の健康状態を心配したわけで、事実完成目前で逝去したわけだからまったくの杞憂とも言えなかったのだが。

大野英二は杉原を尊敬していた。早くから杉原の名を口にしていて、京大を辞めるべき人ではなかったと、まだ彼の仕事を知らぬ私たち学生に教えた。大野と杉原の第一の接点はマルクスだったが、のちには河上肇が主なそれになる。河上研究では杉原が先輩であって、ともに河上肇全集の編集作業に当たっている。また住谷一彦・長幸男編『日本経済思想史』の執筆に杉原を引き入れたのは、住谷と親しかった大野であった。

その大野も几帳面さでは杉原に劣らなかった。じつにマメに手紙を書いた。勉強に疲れると「気分転換にはがきを書く」と言うほどであった。返事は早く、献本はちゃんと読んで、言葉数は多くないが温か味があり、励まされる人は多かった。杉原も同じであったが、一味違うのはかならず誤植の指摘とか索引のページの誤りといった具体的なコメントがついていることで、「益友」とはこういうことかと感心し、これも「盗む」項目に入れた。また大野は杉原のように、手の内をさらけ出し、自分の考えるところを公にし、点検に供するタイプの学者ではなかった。

杉原はミル、マルクス、河上、書誌学を彼の研究生涯の四つの柱としたが、なぜミルとマルクスであり、また河上なのか、それらのテーマの間にいかなる内的関連性があるのか、といった疑問について繰り返し説明している。しかし大野は晩年の『比較社会史への道』でも自己を語ることはきわめて少なかった。ナチズムを生涯の究極のテーマとすると述べた大野がなぜ河上肇にあれほど打ち込んだのかは、大野自身の口からは正面切った形では聞かれていない。われわれが聞き手になった最晩年の「研究回顧」（未公刊、二〇〇三年）でも、大野は自己を研究に駆り立てたものについて終始寡黙であり、つまり肉声が聴こえにくかった。先生の没後、聞き手四名の間で刊行すべきかが話し合われたが、結局断念したのは、それも一つの理由であったと私は思っている。

わかりやすさの差は文体にも出た。大野の文章は硬質で圧縮されていて、極度にむだを恐れているように見えた。だから達意の、格調もリズム感もある文章なのだが、反面取っつきにくく、ふくらみやニュアンスに欠けた。なにが彼を縛っているのか、おそらくは独特の美学なのだろうが、晩年の回想記など比較的やわらかいものを読んでも、生起した事実を簡潔に記述するだけで、自然な感情の流露も抒情味も消されて、ぶっきらぼうに「感慨無量であります」とか「印象的でした」といった決まり文句で結ばれることが多い。

彼はよく何某（鷗外が多い）の文学作品を引用しようと思ったが、キザだからやめた、と洩らすことがあった。「内田さん（義彦）はキザだなあ」とも、ちょっとうらやましそうに言った。

私はというと、ごく若いときそういう大野の抑制の利いた禁欲的スタイルには惹かれ、一時真似ようともしたが、読みにくいのは困るとも思った。山田盛太郎の過度の影響があるのではないか、彼が尊敬する人でいえばむしろ大塚久雄の方であってほしい、そう思った。「なぜそんなに切り詰めた表現、ザハリッヒ（即物的）な文章を書かれるのですか、尊敬なさっている鷗外だって最晩年の史伝物を除くともっとふくらみも、ゲミュートリッヒ（情緒的）な潤いもありますよ」と裸になるようけしかけたこともある。大野は、鷗外は偉大でいろいろな顔をもっているからな、とかわし、ついに答えなかった。

杉原の文章はすらすらと抵抗なしに読めた。それでいてあるまとまりをもったイメージやメッセージを喚起する力があった。小さなエッセイに「咀嚼」というのがある。淡々と京の町の歯科医で早世した父君の思い出を綴った佳篇で、締め括りは校医である父が講演をするのを早く無事にすんでほしいといらいらする杉原少年のまえで、父が意外なパフォーマンスを見せる段で話を終えるのだが、着地の印象があざやかで心に残る。こういう芸は大野にはない。

## 「先生」としての杉原と大野

二人のちがいはどこから来るのだろうか。それは一にも二にも気質の差だろうと私は思う。杉原はきれいにまとめる人なのであり、大野はどちらかというとゴッゴッ型であろう。投手にたとえれば、杉原も大野も球は速いが、球質は前者が軽く後者は重い。杉原は大野とちがって球種は多く、なによりコントロールに生きるタイプであった。

ただし、そこには教育者としての経歴の違いが無視できないだろう。大野が至極順調に京大に残って二十八歳で助教授になりゼミをもつ（講義は翌年から）ようになったのにたいして、杉原は二十四歳から二十五歳にかけて二度の軍務につき、二十六歳で京大助手を辞し、兵庫県立医大予科の講師になり翌年教授に、そしてさらに次の年、関西大学経済学部の助教授になる。つまり大野より二年早く、経済学部の学生にではなく医者の卵に講義をするハメになり、関大に移ってからも京大生を相手とするのとはちがった条件の下で授業をせねばならなかった。大野のようにゼミの初回から机の上に原書を積み上げて、さあこれでリポートを書きたまえなどと気楽なことは、当時の関大のゼミではとうてい言えないことであったろう（その頃の関大文学部に谷沢永一のような怪物学生がいたことを見落としているわけではないが）。

私自身の小学校の代用教員、定時制高校体験に照らしても、ある意味で別の人格にならないとこれらの学校では勤まらない。自分と同質の知的・文化的背景を享受している京大生を相手にするつもりで私立大学で教えても、よい教師たりえないだろう。出身大学にそのまま残った若い教師は学生と共通言語のなかに安住できる。家庭内で隠語がよく使われるようなものである。大野と私たちの場合がそれに近かった。別人格になれるだけの融通性をそなえた人でなかった彼にとっては幸運であったといってよい。それが許されなかった杉原は、おそらく関大では持ち前の鋭敏なアンテナを全開して、自分とはちがった学生を「学習」し、別の言語を習得しようと努めた。彼の言葉のわかりやすさの幾分かはこうした経歴に由来するのではないか。

年齢差も師弟関係では無視できない要素である。これについてはすでに第一章のゼミ選びのところで触れたが、もう一言付け加えておこう。

大野と私は九歳、杉原とは十二歳の差であるが、この三歳のちがいが微妙に二人と私の関係を分けているように思う。人文・社会科学、とくに歴史がからむ分野でなんとか教師が務まるには十年ぐらいのキャリアは最低見なければなるまい。

語学は習得時間数による優劣がはっきりしている領域だから若くても教えやすいが、それでも限度はある。私のフランス語のクラスに来たときの新人講師生田耕作はリクルートスーツ姿の受験生さながらにガチガチで、予定通り授業を進めるのが精一杯。たいへんな美男子であったが、質問をすると口ごもって顔を赤らめる初々しさ。意地悪い質問だと口を尖らせて早口になり反抗期の少年のようであった。後年のあの生田――フランス異端文学の探究に始まる多彩な活動、なかでもバイロス画集のわいせつ裁判で勇名を馳せた――が、である。当時二十五歳。誰にでも始まりはある。彼ほどの人物でもまだ生意気な京大生には「教え頃」ではなかったのであろう。

先生が先生らしく弟子は弟子らしく、しっくりと納まる関係の成立には、一回りぐらいの年齢差が必要なのかもしれない。九歳差では先生とも友達ともつかぬところがあって、ガタピシしやすいのだろう。大野と川本や私とが決定的な衝突にまで進んだのに、二、三年下の福応健、肥前栄一、大月誠とは小さな摩擦は繰り返しながらも、そこまでいかなかったのは、年齢差の要素もすこしはあったのかもしれない。

## 田中真晴という人

杉原より四年おくれて一九七四年に京大から移ってきた田中真晴は私とは六歳の差であったが、兄という感じではなく、やはり先生、といってもしばしば仲間でもある先生であった。仲のいい叔父さんの感覚であろうか。

そう言うにはわけがある。田中と付き合うようになって、よく吉野源三郎の『君たちはどう生きるか』を思い出した。主人公、中学生のコペル君の母の弟で大学を出たばかりの若い叔父を私は田中に、そして自分をコペル君にかぶせることがあった。銀行役員の父を早くなくしたコペル君は、この叔父とデパートの屋上から街路を往き来する人びとを一緒に見ながら「生産関係」といった考え方を教えてもらう。そのきっかけの思い付きがコペルニクス的じゃないかと褒められて「コペル」君の名を頂くのである。

私は田中から「発見」を誉められたことはない（「ブリリアント」とおだてられたことはある）。しかし、小さな問題を大きく広げる、というより深く掘り下げるプロセスを初めてまったくあけっぴろげに見せてくれた叔父に当たる学者が田中なのである。私はコペル君ではないが、田中は「おじさん」であった。

学部三年のとき私はフランス語の経済書講読のクラスをとり、そこで教えたのが田中であった。彼は多弁であった。考えたことを話すのではなく、考えながらしゃべるので、閊《つか》えたりどもったりするのも思考のプロセスを臨場感ゆたかに伝える効果があり、相当込み入った中味を腑分けして見せてもじつによく理解できた。話が好き、勉強が好きであることは一目でわかった。テキストはケネーの『経済表』であったが、この難解をもって知られるテキスト（フランス語自体はむつかしくない）に挑戦していかにも生き生きと楽しそうであった。調べつくし語りつくし、それによって生まれたより高次の疑問を、さあ一緒に考えようとぶっつけ、呼びかけてきた。おそろしく細かい読解力を示したが、彼の語るところではフランス語は始めたばかりとかで、最前列に陣取った旧制高校で文丙だった山田浩之や宮永昌男らに、自信のない箇所は一々念を押し、「それでいいんです」とお墨付きが出ると「そうですか、そうですか」と手をこすり合わせてうれしそうであった。

一年の最後に田中は総括的なケネー理解の仮説的な見方を提示し、ぼくはそういう考えにたどり着いたのだが、どうでしょうかねと問いかけて結んだ。ほんとうに正直で謙虚で、それでいて考え抜いた自信もあることが伝わった。共感とも感嘆ともつかぬどよめきが起こり、だれともなく「初めて経済表がわかりました」という声が挙がった。田中は顔をあからめ、すでにうすくなりかけた秀でた額に手をやって髪をなでつけながら「そうですか」を繰り返し、本当に幸せそうであった。同じ年に私は岸本誠二郎教授の「経済学史」の講義でやはり経済表の、それも簡単な方の略表の説明で、岸本が黒板をまえに立ち往生をしたのを眼にしたばかりであった。まあ、大教室講義では外書講読やゼミのように分析的なことはやれない。ご愛嬌というものだが、若い田中講師のはつらつたる名講義とひきくらべてあまりに精彩がなかった。

私は田中の授業で二つのことを学んだ。一つはテキストをこまかく読む面白さ。「小説も細かいところを読まねば面白いものではない」（小林秀雄）。ケネーのような小さな本を一年かけて解剖するのだから、大野のように読むスピードを重視し、エッセンスを的確に摑むことに重きを置いたやりかたとはまさに対照的。深読み、裏読み、掘り下げ掘り返し。読むことの愉悦がそこにはあった。もう一つは、すでにおわかりであろう、彼の知的な正直さである。のちに私は彼がウェーバーの「知的誠実」を信奉していることを知るのだが、このときはごく素朴な意味でそれを感動と羨望の念をもって受け止めた。

私のそれまでの知的生活をドライブしてきたのは虚栄心であった。見栄を張り無理を積み上げ、それを意識的にバネとしてきた。こんなに知ったかぶりをせずに、自分の「無知」をさらけ出せるのにはどれだけの才能、蓄積、そして人間的なできの差があるからか、と胸を打たれつつも絶望的な羨望も感ぜずにはいられなかった。しかし、それを知ったことは知的スノビズム（俗物性）から脱けだすための遠くはあるが、確かな一歩ではあったのだ。

## 田中と出口勇蔵との確執

二十年のちに田中が甲南に来たのはいわゆる竹本信弘助手問題を契機とする京大経済学部の紛争で京大にいられなくなったからである。竹本問題について詳述するゆとりはないが、一九七二年頃から数年間京大経済学部をゆすぶった紛争で、前年の朝霞の自衛隊員刺殺事件の首謀者として「パルチザン」活動の思想的リーダーであった彼が指名手配されたが、以後十年にわたって地下にもぐり、無断欠勤を続けた彼を免職すべきかをめぐって、反対する全共闘の学生がキャンパスを支配、経済学部はほとんど授業もできなくなった。

なかでも出口勇蔵門下であった竹本の兄弟子に当る田中は、持ち前の筋を通して譲らない性格から学生の最大の標的になった。マル経の経済原論を担当していたことも近親憎悪的な反感を煽ることになった。責任感がつよく繊細な田中にとって学内で授業もできない状態は耐えられなかった。彼の神経はずたずたにされ、周りは自殺さえ心配した。かけがえのない人材のもっとも適切な「亡命」先に甲南を、と考えたのは杉原と山崎である。同門の山口和男は新左翼の心情的シンパであったため、その立場を考えて彼を外し、私と三人で受け入れの段取りをつけた。

こうして私は田中の同僚となる幸せを得ることになる。

その田中も師である出口勇蔵との厄介な関係を抱えていた。出口は気難しい人で田中は若いときから悩まされてきた。ウェーバーの方法論を取り上げた田中二十四歳の処女論文は二十年後に安藤英治ほか編『マックス・ヴェーバーの思想像』に収録された好論文だが、出口のウェーバーではなく青山秀夫のウェーバーに近いというので出口の逆鱗に触れた。田中は煩悶し、一時は京大を辞めて親しい行沢健三のいる関西学院に行こうかと思いつめた。竹本問題にさいしても出口は竹本に甘く、その分田中が突出して学生の攻撃目標にさらされることになった。

出口が亡くなったあとの話である。十年の逃亡ののち逮捕され、殺人幇助で五年の刑に服した竹本信弘が弔問に訪れた。身近な人にはとりわけわがままであった出口は家族との関係も悲劇的に悪くて、葬儀は近親者のみ（これはよくある）、法名もつけられていなかった。竹本はそれを遺憾とし、幾度も訪れて翻意するよう遺族に説いた。彼の言うには、自分は自衛官を殺していないが経済学部では誰ひとり信じてくれず、出口だけがかばってくれた、そのため立場をわるくした出口は定年後決まっていた立命館大学の口も断られ、名古屋まで通わねばならぬことになるが一言も愚痴をこぼしたことがない。あんなりっぱな先生に法名もないなんてあまりにひどいと――。人間はどこまで勝手になれるかの見本のような話だと、竹本の強引さに私はただあきれたのだが、事情をご存じないご遺族は心を動かされたそうである。その後法名がついたかは知らない。竹本はその後筆名の「滝田修」を自己批判する『滝田修解体』を書く。

中京区に家作をたくさんもっていた資産家の息子であった出口は、戦後財産を失ってからも趣味人、文化人であって、とりわけヨーロッパ文化の素養は生半可なものではなかった。学生時代、信州追分の油屋滞在に始まった哲学者下村寅太郎との親交も大教養人出口勇蔵をつくり上げるのにあずかって力があった。下村の仲介でやはり京都学派の一翼を担う木村素衛の妹と結婚する。

そういう出口であってみれば弟子たちは学問のほかの世界でも学ぶところも多かっただろうが、付き合いきれぬところもあったのではないか。田中と出口が決別した最後のきっかけになった事件はばかばかしいほど単純で、それだけに根深い確執の存在を感じさせた。ゼミOBの懇親会の世話を仰せつかっていた田中が岡崎の美濃吉を予約したところ、出口が「あんなところは観光客の行くところだ」とこきおろしたというのだ。田中は門前の小僧で思想文化はもちろん文学や美術にも造詣をもつ人であったが、基本は学者であって、また食べものにうるさい人ではなかった。田中は「人に押し付けておきながら」と憤慨して出口と絶交、いわば「逆破門」した。

大野は「出口さんはいい人じゃないか」とか言って田中の怒りを静めようとむだな努力をしたが、なんの効果もなかった。「いい人」というのは多くの、身近でない人にとってそうなのであって、出口は外づらがよく内づらのわるい典型的な「遠交近攻」の人であった。

出口は、じつは私にとっては、このうえない「いい先生」であった。彼とは大学院時代に一度事務的なことで話す機会があっただけの縁でしかなかったが、五十代になって私が一般の知的読者向けの本を書き始めると、献本もしなかったのにそれを読んでくれていて、長い感想を書いてよこした。それはいつも便箋に二十数枚から三十数枚びっしりの労作であって、碩学の手になる熱烈なファンレターに私は感動した。三冊目の『アイルランド歴史紀行』では彼は「きみは京大に残らなくてほんとうによかった」と書き、甲南の知的でリベラルな空気が私の資質を開花させたこと、もし京大に残っていたら専門以外の活動に対する硬直的な態度ややっかみの視線で窒息させられたであろうことを示唆したのである。

たしかに京大関係の反応は甲南関係に比べると戸惑いのようなものをより多く感じさせられた。おまえ、変わったことを始めたな、といったところか。

大野からしてがそうであった。最初のエッセイ集『二つの大聖堂のある町――現代イギリスの社会と文化』が出たときは機嫌がわるくなく、「書物はそれぞれの運命をもつ」という箴言を記した手紙をくれた。いかようにも読める言葉だが、祝意はにじんでいた。しかし二冊目の『ミステリーの社会学――近代的「気晴らし」の条件』のときにはあきらかに当惑を見せる。なるほど大野の教養の範囲にもドイツ文化にもミステリーの居場所はなかったが、そういうことではなかった。『アイルランド歴史紀行』のときは「きみも早く二冊目を書けよ」と言って、私をがっくりさせた。私はそれまでに処女作のイギリス鉄鋼業の歴史的研究のほかに、学界でいささか評価され、多くの大学で使われた産業論の教科書を書き、三冊の、それぞれに評判になった一般書を書いていた。これらすべては大野からすれば「本」ではないのである。「先生、待ってくださいよ」と言いたくなった。もっとも、これは専門家としての私の大成に期待をかけていた大野の、彼流の励ましであったと受けとらねばならない。出口にとって私は「よその子」だから、こういう叱り方はできない。

田中に戻る。

### 「光源氏」の人

京大から離れることは出口勇蔵から解放されることでもあったろう。しかし、紛争からの快復のためのいちばんの薬は講義ができるようになったこと、学内で自由に人と語り合えるようになったことであるらしく、後者についていえばどの学部にも旧知の友人が多くいて、皆温かく迎え入れた。文学部の増田幸吉は少年時代からの莫逆の友であった。

食堂の一角に陣取って話し相手の来るのを待つ田中はいかにもたのしげで談論風発、そこには必ず話の輪ができた。神戸女学院から着任したばかりの英文学の松村昌家と田中と私の三人でヴィクトリア朝イギリスの多角的・学際的な研究会をやろうということになったのも、教員グリルでのおしゃべりからである。この研究会は初代メンバーに杉原とイギリス近代史の村岡健次、それに英文学の中島俊郎を加えて発足し、のちに田中秀夫、渡辺孔二、井野瀬久美恵、安西敏三、高野清弘、西條隆雄が加わる。現在の「ヴィクトリア朝文化研究学会」の始まりである。

田中は甲南の水が合ったようで、噂に聞いていた京大時代の神経質な神童ぶりや、研究でも行政でも節を曲げぬ、というよりは言い出したら退かぬ直情ぶりも、ほとんど感じることはなかった。「いい人だが、気難しくて手を焼くぜ」と山口和男は私に予告したが、甲南ではそういうことはほとんどなかった。

私の知る田中はむしろ「正論」や「筋論」に懐疑的だった。誰かが妙な正論をぶったりすると、きまって独特のいたずらっぽい含み笑いを浮かべながら、「きみはそう言うけれど、ちょっと恰好良すぎるのとちがうか」と冷やかしたものだ。彼の批評は論理一本槍ではなくウィットやユーモアも重要な武器であり、その矛先は他者だけでなく自分にも向けられる。ツッコミよりボケが表に出るようになる。

田中の没後、弟子である田中秀夫の編集した浩瀚な『追想　田中真晴先生』には田中のユーモアの証言が散見されるが、たとえば長女の夫である田畑千秋の語るエピソードでは、アメリカのある安ホテルに彼らが泊まったときゴキブリが出た。翌朝のチェックアウトのさい彼はフロントが日本語がわからぬのをさいわい「ゴキブリにもチップを渡すのを忘れた」とつぶやいたとか。こういうとぼけたユーモアは大野にはない。

彼らは二人とも夫人に先立たれた。ともによくできた夫人に恵まれたせいもあってか、生活者としては無能でショックは大きかった。しかし、よくしたもので、ともに女性に人気があった。だがそこからが違い、大野は一年後に九歳年下の知的な経歴の女性と再婚した。田中は再婚はしなかったものの、献身的な女性に取り巻かれ、かしずかれ、世話を焼かれ、同じ境遇の男どもの羨望の的となった。愛弟子の一人大津定美の夫人典子の語りを聞きたい。

田中家と旧知の間柄の砂金さんが先生の顔を覗き込み、心配そうに看病しておられる。その様子を見ていて……思わず口にした。「先生ってほんまにお幸せな方やと思います。そしてほんまに厚かましい人やと思います。なんでゆうたら、こう言っては失礼ですけど、飛び切りの美男子というわけでもないのに、あんなに優しくて綺麗な奥様にかしずかれて、奥様亡き後はお嬢さんや砂金さんに看病してもらわれて、まるで光源氏みたいな人やなあって、主人と話していたんです」と。「ほんまにそうや、それも美人ばっかりに」と砂金さん。「ウワッハッハ、光源氏か！　ほんまに光ってますがな」と毛髪の残り少ない頭に手をのせて先生は笑われた。

掛け合い漫才のノリながら心を打つのは大津典子の話芸とハートのしからしめるところだろうが、そうした自己をサカナにして笑いを演出できるのが田中のゆとりであり地のつよみでもある。

そしてそれは、最後まで関西人になれなかった大野には終生無縁であった。音楽でも演劇でも軽いものがけっして嫌いでなかったのにと不思議な気もしないではないが、根元では京の市井の人である田中との違いは大きかった。クラシック音楽と美術、映画、カメラにはめっぽう詳しく、ドイツの「教養市民層」を絵で描いたような好みを示すが、ほかは芸事、勝負事に弱く、鬱屈したときにはパチンコに凝った大野と、音楽には弱いが、碁がつよく謡曲もよくした田中とは趣味もかなり対照的であった。文学はともに愛し詳しかったが、二人が文学を語り合ったところを見たことはない。

しかし、その二人が終生信頼しあった友であった。大野は前記の回想を次の文章で始める。「田中真晴さんは京大経済学部で私が最も親しくさせていただき、学問的にも人間的にも最も信頼していた同僚でありました」。なんとしゃちほこばった、とため息をつきたくなるが、それが大野なのである。

田中の話は天衣無縫、どこへ跳ぶのかわからなかった。彼の代表作『ロシア経済思想史研究』は、口のわるい水田洋によっても「社会科学の全分野で十年に一冊出るかどうかの作品」と評されたが、水田は同時に「註のほうが本文より面白い本」とも言った。田中の話はその「面白い註」がいっぱい「本文」のなかに混ざりこんだ面白さであった。

対するに大野の話はしばしば註と本文がきちんと分けられていた。貴族的で行儀のいい大野は、物堅くそうせねばならぬという規範意識がつよかったようだが、いったん註のほうが主になった話になると、これまたこたえられぬ面白さがあった。常にずばり物事の核心を衝き、とくに人物月旦は歯に衣着せぬ率直さで的を射ぬき、あるいはこっけいにあるいは辛辣に、興に乗ればじつにうれしそうにそうした話題を次々に披瀝したものである。そういうときの大野は「頭が固い」という評言からは遠かった。ただ、自分をサカナにすることだけは終生できなかった。それが彼を田中からも、杉原からさえも分けた。もっぱらドイツの大野と、イギリス思想にもとっぷり浸かってきた二人とのちがいでもあろうか。あるいは中京人大野と京都人の杉原、田中とのちがいということでもあろうか。

# 第八章　和解・そして晩年

## 和解の手

一九六八年九月から翌年まで一年間私はイギリスのシェフィールド大学に留学した。帰途夏休みを利用して二カ月半のささやかな大陸「グランドツアー」を行い、途中大野が一年前に滞在していたミュンヘンを訪れ三泊した。

帰国後年賀状にそのことを添え書きして送った。「破門」の十年間毎年していたとおりのことをしたのであり、返事は期待していなかったが、意外にも大野から返礼の年賀はがきが来た。ミュンヘンに行ったそうだが、留学の話などを聞きたい、いちど来ないかと、さりげなく書き添えてあった。

複雑な気持であった。当惑したといってもそうおかしくはない。人間はそう変わるものでなく、また同じことが繰り返されるのであれば敵わないなという思いがまずあった。あんないやな思いは二度としたくないと。

しかし、こうも思った。あれは二人とも成長の過程で起こった未熟さがゆえの摩擦なのであって、十年の歳月の間に学ぶところがあったはず。それにもう大野は指導したり就職の心配をする必要から解放されているのだから、私の言動にいらだつこともないかもしれない。第一、あの自分の気持ちに正直な、つまりわがままでプライドのつよい大野が、意に染まぬことに自分から和解の手を差し伸べてくるわけはない。一時気分がむしゃくしゃしていただけで、ほんとうは私を嫌ったわけでも、私の考え方が気に食わなかったのでもないかもしれない。彼は後悔しているのかもしれない。

いや、そうではなくてただ淋しくて弟子を集めたいだけなのかもしれないと、意地悪く思い返しもした。でも大野から差し伸べてきた手を振り払ったり無視したりすることは私にはできなかった。いやな思いもしたが、それを上回るいい思い出もあったのではないか。仲人をしてもらった人でもあるではないか。関係がわるくなったのは大野の側以上に私の側に問題があったからではないか。ともかくも受けてみようではないか。そう考えた。

ただ、同じことを繰り返さないためにひとつ自分に言って聞かせた。

かりに「復縁」が不幸な結末を迎えるとしても、私の方が原因になるような事態だけは避けたい、そのためには親しさに甘えて狎れることのないよう私なりに言動に気をつける。大野は弟子との間では、偽悪的にといってよいほどにあけすけな批評を、人物についても事物についても口にして憚らず、相手にもしばしば同じ率直さを要求するが、じつはそれがこわい、というかむつかしい。うかつにそれに乗ると往々にして不機嫌になる。狎れ合いは不愉快だというわけだ。率直を守りつつ非礼に流れぬよう、距離設定に気をつける。また世話になりっぱなしだと支配・被支配の非対称的な関係に陥りやすいから、大野を頼ることはしない。立場に差はあるにしても、一方的な授受関係にならぬよう努める。万事ソフトに、しかしけっして言いなりにならず、基本的な立場は崩さない。なにより大野から一目置かれ、こちらからもなにかを提供できるほどの力をつけるのでなければいい関係は築けないだろう。

と、身構えながら、しかしいっぱいのなつかしさをもって大野邸を訪れる。大野は十年の歳月がまるで存在しなかったかのように気持ちよく――と私には見えた――迎えてくれた。ヨーロッパの話を中心に四方山話に花が咲いた。やがて私の著書『イギリス鉄鋼独占の研究』に話が及び、大野は突然、あれで学位をとらないかと言い出した。

「学位をとらないか」

これは厄介なことになった、というのが私の正直なところの感想であった。「厄介」というのは、大野が和解の証しとしてそれを持ち出したと受け取らざるをえなかったからである。しかも、それを私のためによかれと思い、好意あるいは恩恵として提案したことも素直に実感できたからである。いやそれ以上というか、オレもわるかった、十年分の謝意として受けてくれという想いもこもっていたのかもしれない。ではそのまま有難く受ければいいではないか。なにをためらうのか、ということになるだろう。

でもそれでは大野に負い目をもつことになる。いまは好意でも、私の所業が気に入らなくなったときあいつは恩知らずだということになりかねない。それでは困る。

それにそもそも私が博士の学位を有難いと思っているのだとすれば、それはいささか迷惑な思い込みである。経済学部の先生方は学位に相当するだけの業績ができればとるのを当たり前のことと思っている人が多く、しかしそれはかなりとりにくい。通常、ある分野でこれまでの水準を乗り越えたと認められる専門書を一冊書かねばとれないのである。和歌山大学や龍谷大学では専門書を一冊書くことを教授昇格の条件としていて、それは高いハードルとして評判であったが、それでも教授で博士でない人はいくらもいた。京大の教授でも私の学生の頃には学位のない人が何人かはいた。甲南に私が赴任したときの甲南の定年組の教授でもそうだった。

つまり、いまとちがって「博士」には「教授」以上の権威が認められていた。「末は博士か大臣か」で、それを有難がる空気は一般的であり、だからこそ前に見た旧制最後の学位申請（一九六一年）のさいに学位にふさわしくない論文を出した先輩教授に無理をしてまでそれを与えようと醜態を演じるような人物も出たのである。

大野が学位についてどう考えていたかはあきらかでない。しかし、断片的な言葉から推測すると、学者の能力の判定材料としてある程度の、というよりかなり積極的に必要性と有効性を認めていたように思われる。学問的にあやしい「教授」がいるのだから、それとは別にアカデミックなステイタスがあって当然という意識もあったかもしれない。

彼自身も学位をとらねばと思っていた。だから右の旧制ラストチャンスのときも、相当神経質になっていた。京大でとれるか不安に思い、ためらった末名古屋大学に出すことを考え、打診していた。

それを聞き伝えた静田均が、ほかの大学に出すのはおだやかでない、京大に出すべきだとつよく説得し、島恭彦、豊崎稔、そして堀江英一までが説得に加わったため、翻意して京大に出すことに落ち着いた。

なぜ京大への提出をためらったかは、例によって政治的な力が働いて正当な審査が行われず、落とされるかもしれないとおそれたからであろう。彼の学位論文の主査は堀江であったが、それを予想して心配していたのかもしれない。島らが動いたことで、ようやく安心したのであろう。

しかし政治的合理性からいっても、大野が落とされるなんてことはありえなかった。学位審査は人事ではない。かならずしも学内権力に結びつくわけではない。それに大野ほどの広く評価された業績の主を落とすようなことがあれば、逆に京大の学問的権威は地に落ちることになっただろう。経済学部の民青系教員もそこまで愚かではなかったはずだ。第一、大野のような坊ちゃんがそれほど政治的に警戒すべき存在と目されていたか。

なるほど、大阪市大をはじめとする左翼の内部抗争が激烈を極めたところでは、出身大学への申請をあきらめて、より公正な審査の期待できるところに学位請求が集中した。しかし、京大なら大丈夫だろうということになって、生川栄治、森下二次也といった大阪市大を代表するような学者が京大で学位をとったのである。

大野の学位論文は堀江英一が主査、静田と岸本英太郎を副査として審査され、異議なく受理された。静田は祝いの品を贈り、おどろいた大野は礼状を書き、しばらくして会ったとき「きみのがいちばんよかった」と褒められたという。静田は私にも「大野君のと菱山君のとがずばぬけていた。菱山君のはネタがよかったからよく書けて当たり前だが」といかにもうれしそうに語った。審査した方が祝いを贈るというのは医学部あたりの慣行からすれば美談になるかもしれない。

そういうことの次第で、大野は学位はとるべきものと思っていたようだから、私にも学位をとれよというのはごく自然なことであった。杉原四郎はもっと積極的で、若手を育てる有用な手段としてこの制度を生かそうと、これはという若い人にはいつも学位取得を勧めていた。

ささやかな気取り

しかし、私の感覚は別であった。恰好をつけていると思われるかもしれぬし、浅薄なへそ曲がりと呼ばれるかもしれないが、学者の間で暗黙のうちに見られる博士とか教授とかを尊しとする、私から見れば俗物志向がどうにも好きになれなかった。私自身にそうした卑俗な要素があるからなお反撥するのかもしれないことを承知であえて言うならば、学者、研究者になったことは好きな道でもあり、やりがいのある職業として誇りも感じていたが、そこから先のステイタスはどうでもいいではないかと思い、そんなことにこだわり、ときにはそれを得ようと血道を上げる浅ましさには違和感を覚えないわけにはいかなかった。「長」と名のつくもの好きもそうで、さすがにこの頃では学長をやりたがる人は少ないと思うが、学会の会長となるとそういう人が少なからず、そりゃ誰かがやらねばならないのだけれど、運動までしてなろうという人の気が知れないと思った。

そういうことが気になるのは一つには偏った生まれと育ちがあっただろう。私は零落した旧家の出で、父の代で落魄した家を再興するよう幼時から母に発破をかけられて育った。それは「身を立てよ」という教えではあったが、いわゆる立身出世というより貴種流離譚に近いもので、おまえの本来いるべき場所はこんなところではないという観念をしつこく私に植え付けた。えらくならねばならないがそのためにみっともない真似をするのだけはいけない、上昇するのではなく、もといた場所に復位するだけのことで、おまえにはそれができるというのである。

旧家といっても十代続いた地方の開業医というだけのものだが、享保・明和の頃に二代にわたって全国的にも知られた俳人医師を出した教養ある士分の家というのが母の特別の誇りで、私には鷗外や木下杢太郎、斎藤茂吉の役どころが期待されたのであった。私の名の「哲」はシーボルトと宇田川玄真についた玄祖父良策の息子で広島医学校の設立に携わった立哲から採られた。それもあって私は中学四年まで医師志望で、理系のクラスに入っていた。母の流儀だと学位はいいが、人に頭を下げてまでとるものではないということになる。母の思い入れの強さは、夫がいかに早く父を亡くして苦学したとはいえ、私立大学の法学部を出て、神戸税関のノンキャリアの官吏にすぎないという、家格と現状の落差によるところもあったにちがいない。

もう一つはたった一年しか通わなかった旧制高校の鮮烈な体験があった。そこで知った知的世界の驚異的な拡大は私を夢中にさせ、「教養人」という理想を私のなかに沁み込ませたのであるが、それは「栄華の巷低く見て」と寮歌にあるようにかなり脱俗的な要素を含んでいて、ウェーバー的な意味でのシュトレーバー（立身出世主義者）をいやしむ傾向を内包していた。博士なんてなんだ、という気概がそこにあり、それを抜きにしては真の教養人たりえないのではないかと見えた。田舎の小学校での代用教員生活の十カ月がそれに重なって、暮らしは低くても思いは高くというワーズワース的観念をつよめたかもしれない。

大学に入って最初の一年をすごした文学部もそういう空気のつづきであった。学位をとっている先生の比率は経済学部以上に少ないが、そうしたものをとる気のない人がたぶんずっと多いからでもあるらしく、経済学部とちがって、えらい人のほうがただの学士であることが多かった。京大ではとくにそうだった。著名な文学系の先生で学位をとっている人がどれだけいたか。桑原武夫、伊吹武彦、生島遼一、深瀬基寛、山本修二、大山定一——みな博士ではない。

これらの先生方は旧制三高の教授だった人たちで、もしかしたら博士なにものぞといった気風は文学系というよりは旧制高校の精神風土である教養主義と結びついているのかもしれない。旧制大高でも、犬養孝、森三樹三郎、藤野渉、石井孝といった私たちを魅了したえらい先生はみな当時は無冠だった（のちとった方はいる）。そういえば文学系でも「学部教授」である吉川幸次郎、中西信太郎は文学博士であった。ただこのレベルになると教養人対専門人といった線引きは簡単ではあるまい。

私の世代にもそうした気分は残っていて、友人を引き合いに出すのは迷惑だろうが、英文学の松村昌家のように学位を三つぐらいとれるだけの業績のある学者で博士でない人はけっして少なくない。いや、もっと徹底していて、反業績主義とでもいうか、つまらぬ本を書くのは学者の名折れとばかりに、生涯本はおろか論文も数は稼がず、ひたすら学殖を積み後進を育むのに没頭した大先生も、岩元禎以来旧制高校には少なからずいたのである。高校以来の友であるアイルランド文学の佐野哲郎もそうした一人に属する。

そういう人たちに取り巻かれていることもあって、私は旧制高校教授的な生き方を一面の理想としていた。本は書きたいと思っていたが、生涯に一冊か二冊、納得のゆくものができればもって瞑すべしであった。博士号をとるなんてことは、本を書いたときにもまったく考えの外であった。

いけにえ

といっても学位をとりたくないというのでもなかった。あればいいこともあるかもしれぬと思っていた（実際そうなった。大学院をつくるときは涼しい顔でいられた。そのときは「たかが学位、されど学位」と学位の先輩熊沢誠が言っていたとおりだなと思った）。

それに和解の手を差し伸べてきたその日にその手を振り払うようなことはとてもできなかった。私は即座に腹をくくって大野に感謝の言葉をのべ、あんな仕事でよいのならよろしくと頭を下げたのである。それは私としてはなによりも上長への礼儀の問題であった。しかし、私の対大野外交原則は早くも一角が崩れることになった。不安をかかえた再出発となったのである。

幸いなことに不快なことは起こらなかった。大野も経験に学んでいたのである。一度呼び出され論文の内容について問いただされたことがあるが、そのときも「独占」概念の意味についてきわどい議論になりかけたのを、大野自身がブレーキをかけ、言いたいことを口にせず呑み込んだ感じで収束し、ほっとした。破門の一因になった「宇野理論」という決め付けも和解以後は大野の口から出ることはなくなった。

代わりに「宇野派」として標的になったのは私より十三期下、一九六七年卒の加来祥男であった。加来は大野のゼミだけでなく田中真晴のところにも出入りしていたが、ドイツ経済史を専攻対象に選んでいて、大学院でも大野に就くはずの緻密な秀才であった。ところが大学院の入試で京大を落ち、東大に合格することになる。

これは当時珍しいことではなく、京大の入試は民青系の教官が地方の国立大学の民青の運動家の学生を夏休みに特訓しては入学させるといった状態が続いていたため、それ以外の京大出身者が入りにくくなっていた。のちに学者として業績を挙げた秀才たちがこの時期には多く京大を落ちて東大に進むというコースをたどる。小林譲治や高橋洋司、すこし遅れて杉原四郎の長男の薫もその一人である。ただ彼らはすでに宇野理論のメッカである東大で学びたいと思っていて、京大は滑り止めであり、その線に沿った答案を書いたため落とされたのだという説もある。

東大でドイツ金融資本を研究していたのは、大野と対立する立場の宇野派に近い戸原四郎であり、加来はそのまま戸原についた。その背景には、すこし前から宇野の弟子たちは精力的に帝国主義諸国の歴史研究分野を本格的に開拓してめざましい成果を挙げつつあったことがある。戸原はその先駆的なひとりである。加来は一方では講座派的な内田義彦らの経済学史研究にも惹かれながら、他方では現代資本主義を解く鍵は講座派や大塚史学に見出すことはできず、宇野派の成果に注目しようとしていた。だから彼が戸原について学ぶ道を選んだのは「知的正直」を旨とする田中の弟子としてはごく自然なことなのだが、党派的な思考で凝り固まった経済学の世界では話題を呼ぶ行動であった。そして、それだけでも多分大野にとって愉快なことではなかった。

二人の間は冷却した。しかし加来は大野の親友である田中とも親しく、というよりは学部在学中からむしろ田中の話を聴く方をたのしみとし、田中に心服しきっていた。それは大野にとって微妙な状態であるとともに、いまや田中の弟子でもある加来を「破門」するようなことはできにくい心理的事情をつくっていた。まして加来は学者としての大野には敬意をもち続け、とくに『ドイツ資本主義論』第二部の労働関係分析は自分の体系づくりに生かせるのではないかと注目していたし、また無遠慮な、やや野武士的な兄弟子たちとちがって礼儀をわきまえた君子人でもあった。大野の死の二年前の二〇〇三年に大野から回想を聴いておこうと提案したのも、私や肥前などの古株ではなく、よく気のつく加来なのであった。

しかし大野は、そのインタビューの最後でも、締め括りの言葉をと司会役の肥前栄一が私に水を向けたのに対して、「いや、宇野理論を代表して、加来君に」と指名した。どういうつもりであったにせよ、「宇野理論を代表して」は余計であり正確でもなかった。彼は藤瀬浩司ら講座派にも近かったのだから。加来は「いやいや」と断り、一瞬気まずい空気が流れた。これは不味いと思った私が割り込んで話を引きとらざるをえなかったほどである。

それでも加来と大野は表面的には決定的にわるくなることはなかった。加来が最初の就職先こそ滋賀大学であったが、あとは北海道大学、つづいて九州大学と遠隔地を職場としたため、研究会活動でも共同研究でも接触機会が少なかったことが幸いしたかもしれない。就職の世話も受けなかったし、著書の出版についても、また大野が弟子を動員して次々に紹介していたドイツ社会史学の成果の翻訳についてもそれに加わらず（声がかからず）、そのひとりであるユルゲン・コッカの論文集を編集・翻訳するに当たっても大野の世話になることはなかった。

それに比べると加来より七年下の今久保幸生のばあいは決定的な決別であった。彼は長崎大学の出身で大学院からのゼミ生であり、初めは大野といい関係を結んでいたが、渡邊尚と親しかったことでその逆鱗に触れた。この問題に立ち入ると長くなり、また本題から遠くなるので、簡単に切り上げたい。

大野は出世作『ドイツ金融資本成立史論』以後、はじめは住谷一彦と、続いて松田智雄とつながりができるようになり、松田とともにドイツ資本主義研究会を立ち上げ、松田の「資本類型論」とほぼ同じスタンスに立ったいくつかの論文を書き、ほとんど心酔するといった間柄になった。『ドイツ資本主義論』（一九六五年）の「序言」には松田の名だけが三度も出てきて、締めくくりには

諸大学の研究者間の自由な学問的交流の形成に深く配慮されて、直接・間接にご教示を賜った山田盛太郎教授、大塚久雄教授、松田智雄教授をはじめ……に心からの感謝の言葉を申し述べたい

と、山田、大塚と並べる存在に祭り上げている。さらに松田の弟子である当時北大にいた渡邊尚とも親しくなって彼を京大の助教授に招聘した。これは意外な人事とされた。衆目の見るところそのポストには肥前栄一をもってくると思われていたからである。

肥前はゼミでは私より三年下、議論好き、勉強好きという点では田中真晴といい勝負の、研究者としての天分に恵まれた論客で、大野とも学生のときからガンガンやりあいながらいい関係を維持していけた稀な存在であった。

その肥前がなぜ選ばれず、渡邊になったのかということはずっと謎とされてきた。実際には大野は肥前を後継者と考えて内々に打診し、肥前もその心積もりであったのだが、あとで見るような事情から肥前がそれを辞退して東大に行き、そのお鉢が渡邊に回ってきたのである。

それにしても大野・渡邊は当時蜜月関係にあった。それだけ入れ込んでいながらなぜ松田、渡邊と絶交に等しい間柄に変わったのか、よくわからない。突き放した言い方をすれば、初対面の人には百点をつけるがすこし親しくなるとたちまち零点に下げるといわれた河上肇に似た大野の惚れっぽさ、松田とそのグループへの一時的熱中の産物であっただろう。渡邊はよくもわるくも圭角——気骨といってもいい——のある人物で、仕事の面では独自の構想を打ち出すことに重きを置くタイプであり、行動面でもはっきりした主張を見せて簡単にはゆずらなかった。早晩大野とはうまくいかなくなると見る向きは多かった。自分が下した決定への自己嫌悪もあってか、大野は松田に対する以上に渡邊にきびしく、渡邊についていった今久保は彼を裏切ったことになった。彼はゼミの名簿にも名前が入っていない。そして今久保は著書『一九世紀末ドイツの工場』の「はしがき」でゼミの先輩同輩への謝辞をていねいに記しているのに、大野については一言も触れていない。本文中では批判的に、しかし簡潔穏当に大野の議論を紹介しているのであるが。

川本和良のばあい

しかし、今久保のばあいには感じることのなかった悲劇性を川本和良のばあいには感じないわけにはいかない。今久保は大野からは疎んじられたが、渡邊に認められて佐賀大学から京大に呼び戻され、渡邊の下で助教授になった。大野が京大を去ってのちのことであった。

川本の場合はもっと深刻だった。まえに見たとおり彼は大野に心酔していた。少なくとも学問的にははるか高みに仰いでいて、「奴隷になってもついて行く」覚悟でいた。事実、彼の大野から受けたあしらいのきびしさは私どころではなかったのに、彼は終始大野に従順だった。従順だったのがかえってよくなかったのかもしれない。ときには人前でもいじめに近かった。私や佐藤にむかって、川本の能力を疑う意味の言葉を吐いたこともある——そう言いながら大野は、関西学院の人事では私ではなく川本を佐藤に推薦したのであったが。

川本はずっと耐えて大野に仕えつづけていたが、あるときついに切れた。大野が還暦を迎えた前後でなかったかと思うが、大病を患い入院したときのことである。その直前に川本は最愛の長女を病で失っていた。ところが大野の見舞いに訪れた川本にむかって彼は令嬢の死について、おくやみどころか川本の神経を逆なでするような言葉を吐いたという。どういう言葉であったか、私の聞いたそれをそのままここに書き写す勇気はない。これは大野の伝記ではなく、師弟関係を考えるための物語なのだから、裁判でいう「真実のすべて」(the whole truth) をさらけだす必要はないだろう。

大野が素直におくやみを口にすることができなかったとすれば、それは二人の間の非対称的な関係がさせたのではないか。「奴隷」を相手にするとき普通人も「暴君」になる。これは「奴隷」の道を選んだ川本を責めているわけではない。尽くせば尽くすほどかえってもつれがひどくなる不幸な関係がそこにはあった。

還暦の翌々一九八四年に刊行された大野の還暦記念論文集『比較社会史の諸問題』の共同編集が川本の大野への最後の奉仕となった。「まえがき」の素稿を川本が書き、私が眼を通して肥前がさらに見ることにしようという川本の提案にしたがって、送られてきた川本の原稿を見たところ、あまりにそっけないのでお祝いの意味も入れるべしと、かなり手を加えたところ、いつもは私の文章を温かく評価してくれる川本がつよい不快感と抵抗を示したのにおどろいた。大野とうまくいっていないようだとは聞いていたが、ことのほかに深刻なのだなと思いしらされた。

しかし大野はそれに気づいていたかどうか。川本が交わりを断ってからしばらくは古いゼミ生に「川本君はどうしているんだ」とよく訊いていたらしい。ゼミ機関誌『乱反射』第七号（一九八四年）に大野による同書読後の論評が載せられたが、十五篇の論文のうち川本論文への言及はきわだって短く、また評価を含まない。後半のくだり――「数日前の京都新聞は、川本氏が立命館大学教学部長の激務を終了されたことを報じていたから、まもなく川本氏のプロイセン工場法成立史についての新しい業績の続稿が発表されるものと思う」は、どういう大野の心境を語るのだろうか。

二〇〇三年の回想インタビューでは、もはや川本の名は出ずじまいだった。対するに川本の立命館大学の退職記念論文集の彼を囲む座談記事では、大野のところで『ビヒモス』を読まされたと一言語っているだけで、やどかり的ゼミであったはずの豊崎が指導教授であったとわざわざ断っている。三十三年に及ぶ二人の歴史は存在しなかったかのようであった。

## 和解のあと

大野と私のその後に話を戻す。

彼は私に二度ばかり仕事をもちかけた。最初は一九七四年頃のことで、「バリントン＝モアの『独裁と民主主義の社会的起源』をゼミで読んでいて訳させているが、これがおもしろい。きみの監訳というかたちで出してみないか」というのである。

私は拾い読みをして興味をもったことがあったが、当面の課題からはかけ離れているし、なによりも共訳というのが気に入らなかったので、固辞した。むかし佐波教授の好意で三和銀行がバンク・オブ・アメリカの社史を訳すのを手伝ったことがある。七十名の若手行員が分担して訳した原稿を英語の達者なベテラン行員が手直しした分を山田浩之と私が直し、最後に佐波自身がけっこうきちんと照合して眼をとおすというていねいな段取りを踏み、こなれたいいできの訳書になった。しかし、私は作業に閉口した。下訳のできの差が大きく、高速道路とでこぼこの砂利道ぐらいの差があって、しかも後者の方がはるかに多かった。砂利道の部分ではベテラン行員氏も手を焼いてか直しが十分でなく、人の文章をいじるというのはたいへんなことと痛感した。これならはじめから自分ひとりでやる方が精神衛生の面からもずっと楽だろうと思い、これからは共訳だけはけっしてすまいと決心していた。

そういって断ったのだが、ひどく残念そうにしていたので、もしかしたら和解の記念という気持もあったのかと忖度《そんたく》して、こういうのはどうかと逆提案させてもらった。ヘルマン・レヴィの自伝的比較文明論であり遺著の『イギリスとドイツ――類似性と対照性』の単独訳である。レヴィはレーニン『帝国主義』に産業面での思考材料を提供した英独両国の事情につうじた歴史家で、ブレンターノの弟子。私は大野の勧めで彼の代表作を読み、ゼミのレポートに使ったという因縁がある。大野はおもしろそうだ、未來社に話してみると乗り気になった。当時彼の主な出版社は未來社だった。

すこしたったある日学校で杉原四郎に声をかけられ、先日東京で未來社の西谷能雄社長に会ったら高橋とはどういう人かと訊かれたので、いったいなにごとかと訊き返したら大野さんからのはがきを見せられ、これではわからない（判断できない）と言われた。幸いあなたからその企画のことは聞いていたのでレヴィのことも含め説明したら、それでよくわかった、翻訳はお引き受けしますと高橋さんにお伝えくださいということでしたよ、というのである。杉原は紳士であるからはがきがどんな中味かは語らなかったが、おそらくは緊張するか不機嫌なときの大野に見られる、形式張った、そっけない依頼文だったのだろう。どっちにしても彼が紹介者ないし推薦者としての役割をまともに果たしてくれなかったことはたしかで、私は憮然たる気持になった。やはり大野は「親分」ではなく、人にものを頼むのを不得手とし、つまりは人の世話ができる人ではないこと、片時でも彼に頼る気を起こしてはならぬことを再認識したのである。

そのくせ翻訳の進捗を気にして、訪ねるたびに話題にした。「クヌーデルン」（小麦粉の団子）といった日本語にない語彙の訳語など、うれしそうにいくつもの案を披露して、くったくない笑顔を見せた。完成したときは、ゼミ生の集まりに本を持ってきて「名著の名訳だ」と耳を疑うような賛辞を口にし、先生大丈夫だろうかと薄気味悪く、しかし、ああよかったと幸せな気持になった。この「名訳」は、しかし当初の事情がたたったか、未來社では冷遇されて出版も散々延ばされたうえ、ろくに広告もされず、ついに版を重ねることがなかった。

教科書の話も持ち込まれた。出版社の社員が来て大野の紹介だと言って、工業経済のテキスト執筆を依頼された。問い合わせたら「オレはいま書けないからきみ書けよ」とのこと。まだ早いと思っていたが、講義をするのに不便を感じていたし、成案もあったのでこれは引き受け、私としては短期間に書き上げる。

ただ一つためらいがあった。大野の気に入るようなものにはなるまいということで、当時私はマルクス経の産業経済学の本なんて書けないと思っていた。書いても産業史になるか、個別産業解説の寄せ集めか、粗雑な概説書になってしまうとしか思えなかった。どうしても近経の産業組織論から装置や道具を借りてこないと満足なものはできないのに、それを試みる人はいなかった。火中の栗を拾う業であったが、やってみると、マル経と近経の、よくいわれる「水と油」の乳化作業に成功したとはとても思えないものの、「文句があるなら自分がやってみろ」式の開き直りに圧されたか、あるいはおずおずした手探りの実験のポーズに同情したか、思わぬ取り上げられ方と売れ行きにおどろいた。全国の悩めるマル経産業論学者から待たれていたのだと思う。大野からは「折衷的」とかなんとか言われるのを覚悟していたけれど、たぶん自分が教科書を書けるタイプの学者でないことはわかっていたのだろう、苦言はいっさいなくご機嫌であった。資性の差を、考え方の差を超えて、ようやく受け入れてもらえるようになったと感じた。

## 「脇道」への視線

ただ一つ、あとあとまでしっくりいかなかった件がある。鉄鋼業独占史で処女作を書き上げたあと、私はイギリス産業政策史をメインテーマとして、主な産業の国有・公有化、民営・民有化問題を実態と政策思想の両面から追跡するという作業をつづけてきて、十編の論文にし、まとめにかかろうとしていた。その矢先、私は突然出来心というと不謹慎かもしれないが、脇道にそれて現代イギリスの社会的・文化的アイデンティティの問題をエッセイスタイルで考察してみたいという誘惑を感じるようになった。探偵小説に始まって、幽霊大国ぶり、音楽における生産と消費のギャップ（作曲家不在とうるさい聴衆の並存）、田園志向と風景式庭園、アイルランド問題、はては「イギリス病」と、この国を理解するうえでキーワードたりえるのではないかと思われた特徴的な現象を拾い上げて、私なりに論考を試みた。『二つの大聖堂のある町――現代イギリスの社会と文化』がそれである。

長年筆にしようという気もなくひたすら無償の情熱を注ぎ込んできたあれこれに形を与えてみたかったのだが、それを書くことで、あたらしい葛藤をともなう自己発見をすることができた。サイドワーク的なものとしてしか見てこなかった文化の諸領域の探究が、本来の専門分野よりもずっと楽しいことで、以来ためらいつつではあるが、腹をくくって徐々に重い舵を切り替えてゆく。本妻より魅力的な愛人ができ、そちらに暮らしを少しずつ移していこうというわけである。そうなると職業倫理上、本妻と家族の扶養の問題が発生する。

大野ははじめはおどろきながらも面白がりよろこんでいたようである。しかし、二冊目の『ミステリーの社会学』になると、ミステリー不在の国ドイツの専門家らしくなにも言わなくなった。肥前栄一は私のミステリーの国ごとのちがいを浮き上がらせた議論をよろこんで「ドイツであちらの学者に聞いたらドイツにだって推理小説はあるそうですよ」と挑発してくれたが、大野は乗ってこなかった。大野の信奉する「比較社会史」にはもってこいのテーマであるはずだのに。彼はエンターテインメントが苦手なのであろう。少なくともここまで凝るのには賛成できなかったか。

そして三冊目の『アイルランド歴史紀行』になると、前述のように「そろそろ三冊目を書いたらどうか」と言い出した。脇道にそれるのはこの辺で打ち止めにしたらどうかというわけだ。私としてはタイトルだけで見てもらったのでは心外、ただの歴史散歩風のエッセイ集ではなく、これまで日本ではだれも取り上げたことのない論点、たとえばアングロ・アイリッシュの両面的役割の評価などを書き込んだと自負していただけに、この反応には失望した。ご自分はユダヤ人問題、民族問題と社会史的アプローチに移っているのだから、比較史を標榜するのならアイルランドをまったく知らないではすませられないはずで、なにか発言でも注文でもあってしかるべきではないか、とも思った。せめて「ゼミか研究会でしゃべれよ」くらいのことは言ってくれても罰は当たらないのではないかとも。註がいっぱい付いた硬い専門書のほかは本ではないのか、と大野の姿勢の窮屈さをあらためて実感した。

しかし、次の『イギリス歴史の旅』になると、私のスタイルがそれなりに理解できたようで、さじを投げたともシャッポを脱いだともつかぬ反応に変わる。さらに七年を費やした『スコットランド歴史を歩く』になると「いままでの作品と併せて、その積み重ねの厚みを考えるとき、独自の領域を開拓されたことを感じます」と、初めて本としての価値を明確に認めてくれ、人にもあれは名著だと語っていたと聞く。

それでも、大野はついに私を彼のいくつかの研究会にスピーカーとして招くことはしなかったし、寄稿を求めることもなかった。ブリテンという括り方であれ、アイルランドであれ、あるいはスコットランドであれ、なぜそうしなかったのか。

## 対抗意識

私が大野の生前に献じることができたのは『スコットランド』が最後の本であったが、以後出したどの本でも彼が読んだらどういう反応を見せるだろうかと思わなかったことはない。認められたい、認めさせたいという二つの気持が常に私のなかにはあった。「弟子」という殊勝な気持と、ギャフンと言わせたいという張り合う意識が同居していたかもしれない。はじめは認めてほしいだったのが、これでも認めないというのか、と意地になった面もあった気もする。

同じことが大野の側にも、もしかしたらあったのではないか。ある種の対抗意識はあったと思う。なにごとにつけ負けず嫌いである彼には私は小面憎い存在だったと思う。「文章だけだ」という切捨て方がそうであり、「高橋くんは心臓が強いんだから」という言い方には、気が弱いくせに、鈍感なせいか妙に大胆な行動をとってしまい、いったんそうなると腹を据えて開き直ることのできる私が、シャイで内弁慶、なにかとこだわるところが多い大野には、あきれた、しかし真似のできぬ羨ましい存在として映っていたのかもしれない。

大野は私がほかの教官と親しくするのを好まなかった。静田均との場合は敵陣営と親しくなるに等しいから、こちらも遠慮した。というよりは絶えず彼の悪口を私たちの前で口にするのだから、とても静田に近づいたりできる空気ではなかった。もっとも大野の名誉のために断っておくが、静田の人格に関わるような悪口を言ったことはない。「彼はだめだよ。労農派なんだ」「口下手でね、能弁な奥さんに頭が上がらないんだ」といったところがせいぜいであった。静田は指導教授であったし、どうしても接触する機会はあったが、彼の名を出すと露骨に機嫌が悪くなり、どんなやりとりがあったか聞きただされた。それが苦痛なので、自然静田のところへは足が遠のき、打ち解けて話ができるようになったのは大野に破門される前後からであった。

静田だけのことではなかった。私は学部四年の英書講読で社会政策の講師前川嘉一と親しくなった。ドッブの賃金論をプリントで読んでいたのだが、原書をもっていたのが私一人であったことから眼をつけられ、妙に話が合って、前川が忙しくて準備できないときは、彼のクラスで発表名目の代講を仰せつかったり、お返しということで自宅に招かれたりし、就職についても親身にあれこれ世話を焼いてくれた。

前川はさっぱりした気性の人で世話好きでもあり、相当立ち入った教員間の人間関係にわたることでもざっくばらんに語り、単刀直入でありながら苦労人の温かみがあって、悪い後味を残さなかった。仇名の名人である彼の弟弟子の熊沢誠は、ぼさぼさの髪や無精ひげ、がらがら声といった風貌から、親しみを込めて彼を「悪浪人」と名づけた。ちなみに「悪家老」は菱山泉であり、「悪若衆」は小林清晃であった。「悪番頭」が誰かはあえて記すまい。人柄からいっても非民青系のマルクス経済学者という点でも大野が警戒しなければならぬ人ではなかったのだが、大野は彼の話をすると話をそらせた。

こういう独占欲に近い心理は軽い程度なら多くの教師に共通し、私なども例外でないからよくわかるのだが、凡庸人である私は面白くないときでもつとめて顔に出さぬようにし、たいていは建前どおり多くの師に触れるよう奨励するのだが、大野はその点偽善的でなく、正直に自分をさらけだした。

私はある時期から他の教師の話を大野の前ではしなくなった。

和解後はちがった関係枠ができたように思う。私は腹を据えて静田のことも語り、必要とあれば擁護もし、言葉が過ぎるときはジョークっぽくたしなめもした。大野も気を呑まれてか、フンフンと素直に聴き、ニューモデルの私をそれなりに受け入れた。

しかし半面、かつての熱気がどこかうすれがちになった。きわどいやりとりに及ぶこともあるのだが、しつこい追及にまでは発展せず、むかしの甘えん坊の若者付き合いの趣は姿を消した。これが成長というものなのだろうか。世間並みの大人の世界に近づいただけではあるまいかと、ときに自問した。復縁のとき、中年男の浅知恵で自己規律を課したのだが、あれでよかったのか、もっと自然にぶつかりあうのを覚悟してもよかったのではないか、もう一度大喧嘩をしてもよかったのではないか、そういう葛藤こそがなにか創造的なものの母胎ではなかったかとも思った。それを避けようとしてなにか大切なものを失ったのではないかと。

肥前栄一の「逃亡」

破門事件のトラウマを背負い込んだ大野と私に比べ、肥前栄一は大野と終始形影相寄るがごとく、より熱い付き合いをつづけ、理想的な師弟関係に見えた。

肥前はゼミに入った年にゼミ機関誌にトマス・マンの「ブッデンブローク家の人びと」論を書いてさっそうと登場した。おそらくはルカーチの影響を受けながらもすでに語るべき何物かをもっているのにおどろかされた。快活で物怖じしない性格で、辛辣な大野からぼろくそに叩かれても怯まず臆せず、「お言葉ですが」を枕に「先生こそまちがっていますよ」と歯切れよくやりかえした。それでいて激しいやりとりをしてもめったに踏み外さないのは独特の才能であった。大野はときにむきになって言い募ることもあったが、多くは苦笑い、彼との甲論乙駁を愛した。言葉仇タイプの愛弟子であった。

しかし、その肥前も大学院に入ると大野との修羅場を潜り抜けずにすますわけにはいかなかった。いや同じドイツ史を専攻するわけだからもろにぶつかりあうことにもなった。優秀な弟子であるだけにどちらにもライバル意識が働いた。

肥前が修士論文作成中のことである。テーマが大野のそれと重なってしまったため、あきれるようなことも起こった。彼が図書館の書庫から一晩がかりで（まちがって閉じ込められて）探し出した未整理の貴重な史料をカウンターに預けている間に大野に横取りされ、憤然と抗議したが、すぐには返してもらえなかったという一幕がそれである。大野の子供のようなメンタリティを表すエピソードで、そのことを肥前は大野の没後「偲ぶ会」で暴露し、会場は笑いに包まれたが、肥前も笑おうとしながら突然ウッとむせび言葉に詰まった。

そもそもがテーマが重なるという不味いことになったのも、大野が肥前に与えていたテーマを大野自身が、なにを考えてか（おそらくは自分の勝手な都合で）急に予定を変えてやり始めたからで、突然競合関係に立たされた肥前は「訳のわからない競争心のようなものを感じて」、「先生、ぼくがやっているのになぜおやりになるんですか」と聞いたら「ぼくがやったらいけないんでしょうか」と一言非常に冷たく言い放たれた、とのちにその回想で語っている（「肥前栄一先生還暦祝賀記念誌」私家版、一九九五年)。

彼はその後、立教大学の助手になり、横浜国立大学に転じ、一九七三年には東大に移った。横浜国大、東大時代には大野と東西合同ゼミを行ったりして、よい関係がつづいているかに見えたが、東大に移った頃から微妙な変化が現れはじめた。

前述のように大野は肥前を京大に戻したいという意向を内々告げていて肥前もその心づもりであった。ところがその機会が訪れる前に東大から話が来た。彼は東京生活も十年を超え、その間大塚史学にとっぷり浸かっていたこともあって、東大の人たちとの学問上のつながりを深くしてきた。東大の西洋経済史を引き受けないかという話をもってきたのは大塚久雄門下でイギリス経済史の関口尚志であり、もちろん大塚の意向も、ドイツ経済史の松田智雄の意向も踏まえてのことであった。肥前はためらった。東大で仕事をすることは魅力であり、誘われたことはうれしかったが、松田門下の人びととの関係が悪化することを恐れたのである。大野もそれを理由に断ることをすすめた。しかし関口は熱心に口説きつづけ、のちには大河内暁男も一緒に、松田門下への気兼ねなどはゼミナール共同体を前提とした日本的思考様式で、そういうことを乗り越えてこそヨーロッパ的な市民社会であり、学問的なのではないかと、いかにも大塚史学らしい論法で説き、肥前は閉口したらしい。結局京大でのポストであった経済政策論ではなく、西洋経済史を担当するというのが、歴史好きの肥前には誘いの決め手になった。

京大の「政治的学問風土」になじめそうもないことも、選択のさい無視できない材料になった。彼はもともと学部時代に京大では影響力のつよかった党員教授堀江英一の講義で大塚やウェーバーの悪口をさんざん聞かされて、逆に大塚に傾斜していった人なのである。また大野についても、肥前は私に「個人的にも、気難しい大野先生と同じ京大という職場で先生の下で働くことは到底できないと確信した」ことも東大を選んだ理由にあったと言い「三日もたてば喧嘩したことでしょう」と付け加えている。ただ、いったんは大野の誘いに応じたのだから、これがそれほど大きな要因であったとは思われない。

こうして肥前は京大と大野から「逃亡」を果たす。

私の見るところ逃亡は大きな成果を生んだ。学問的に不毛な政治優位の京大マル経とわずらわしい付き合いをせずにすんだこともよかったが、とりあえずは大塚史学という恰好の格闘の課題と取り組むうえで願ってもない場を与えられたのが幸運であった。私としては大塚史学を乗り越える別の道として京大を母胎に生まれたジェントルマン資本主義論と肥前がどう向かい合うかも見たいところだったが、資性を生かす道として東大行きは正解だっただろう。人によってはミイラ取りがミイラになりかねない心理的重圧をともなうポジションなのだが、知的好奇心の塊のような彼にはアドレナリンの源でもあっただろう。

彼は大塚の「比較経済史」の領域をドイツからロシアに広げ、その根拠としていわば経済社会の細胞に当たる農村共同体のちがいに切り込んだ。そこから大塚のなかで曖昧であったレーニン的契機の位置づけに、ウェーバーの「ロシア革命論」を媒介に答えを出す。彼の多岐にわたる業績を紹介するのは話を拡散させるだけのことになりかねないから、あとすべて省くが、最近この章を書くために肥前のたどった足跡をざっと見て、対象領域のスケール、切り込みの深さにおいてすでに大野を超えているという印象を禁じえなかった。もしかしたら大野からの自由が肥前に大をなさしめたのかもしれないとも思った。これは大野をおとしめるために言うのではない。自分を超える弟子をもつのは師の勲章である。といってもあの大野のこと、くやしがって墓をゆすぶり「きみはなんの根拠があって肥前なんかとおれを比べたりするのだ」と怒り出すかもしれない。

## 大野の「再急進化」

肥前栄一の東大赴任のあと、大野の大塚史学と東大へのスタンスが次第に変わった。直接にはドイツ専攻で接触機会の多かった松田智雄、住谷一彦、渡邊尚との関係が悪化した。もともと大野の終生変わらぬ尊崇の対象は山田盛太郎であり、次いで大塚久雄であったが、その距離は一時かなり狭まったのが、再び大きく開く。つまりは大塚離れが始まり講座派への傾斜が深まる。ウェーバーの比重が落ちてレーニンに秤がかしぐ。リベラルの側面がうすれ、ラディカル志向がつよまる。肥前が私に語った言葉を借用すると「先生の再急進化」が始まったのである。

それにつれて、あれほど不信の塊であった民青系のスタッフとの関係もそれほど悪くはなくなってくる。一九六〇年代には京大脱出志向がつよく、かつての転出未遂に終わった名古屋大学につづいて次には立教大学へ、さらに神奈川大学への転出を真剣に考えていた。とくに後者の話は進み、神奈川大学側は大野の承諾を受けて正式に教授会を通しさえしていた。住まいも決まっていたという。静田均もついにさじを投げたかたちだったのが、島恭彦らの説得で翻意し、京大に残った。これが、もしかしたら彼の対民青強迫観念、あるいは角山栄の言葉を借りれば「大野の被害妄想」にピリオドを打つ分かれ目になる事件であったかもしれない。ついでながら角山は親友であるだけに大野への評価も手きびしく、立場をはっきりさせないから孤立したのであって、党員にならなかったから迫害されたなんてのはまったく逆だとまでいう。

そのすぐあと京大からの派遣でドイツに一年間の留学をし、その一年後に私との和解があった。私は知らなかったが、大野の申し出はそのまえに京大との「和解」である種の落ち着きを得たことから生まれたのかもしれない、といま思う。肥前によれば、晩年の大野はしばしば「京大人の自覚」といった、若いときの彼を知る者には信じられないような言葉を口にするようになった。しかし、このさいの「京大人」は経済学部の総体ではないだろう。私との会話でも民青系教員のかなりの人たちの悪口を言わなくなった。いわば札付きの学問的に無能で党派的な政治主義者を除いて、以前ほどの拒絶反応を示さなくなった。しかし、全体におだやかになったとか、円くなったといった、そんな次元の話ではない。大野は幾つになってもそんなにヤワではなかった。逆にかつての友にきびしくなった。その代表は田中真晴である。

田中はまえに触れたように「知的正直」に生きる人であり、納得できないことは曖昧にしておく人ではなかった。あるときは彼の心を捉えても、いったんおかしいぞと思うと、それがマルクス、レーニンであろうとウェーバーであろうとはっきり疑問を口にした。そしてまたこれはいいと思うと保守派の一頂点と目されるハイエクにまで跳ぶことをためらわなかった。振幅は大きかったけれど、彼のなかではきちんと論理的につながっていた。思想の一貫性についてはきわめて自覚的であり、きちんと条件をつけたうえで、それにこだわらなかった。

しかし、そうした田中を大野は認めず「転向者」ときびしく批判した。権力に屈したわけではない田中の行動が「転向」に当たるか疑問であり、かりにそうだとしても転向は人間的な弱さを示すだけのことなのだから必ずしも道徳的非難の対象には当たらない。むしろ勇気を示すと取れるときもある行動なのだが、大野の感覚からすれば、控え目にいっても問題のある、唾棄すべき行動なのであった。

彼には「大義親を滅す」といった、イデオロギーを人間的つながりに優先させるところが元からあったが、晩年いっそうそれがつよまった。それが「再急進化」の一つの側面である。田中に対してだけのことではなかった。面と向って非難するようなことはなかったようだが、弟子や気の許せる相手にはとめどなく、アイツはなァと憤りをぶつけた。あれほど学者としても友人としても心を許しあっていた田中に対してさえそうだというのは、ちょっとこわいなと思わざるをえなかった。

そういうときの大野にはうかつに口を挟めなかった。「先生、この頃まるで紅衛兵じゃないですか」などと軽口が利けるような空気では、とてもなかった。

京大時代の親しい同僚で鹿児島国際大学の学長になった菱山泉の、教授会の自治を侵害したといわれる行動への批判の烈しさと執拗さは、かつてのリベラルな友人の変節への嘆きを超えていた。あるときの電話での容赦ない菱山攻撃に思わず「教授会多数派が徒党を組んで安易な人事をやっていたのかもしれませんよ」と半畳を入れたら「きみはまた推測でものを言う」と口調がけわしくなり、第二の破門かと慌てた。晩年の大野における「思想」の重みは思いのほかにずしりとこたえるものだった。

## 大野の死

晩年の大野を駆りたてていたのはなにであったか。京大を定年で退いてからの彼は病気に悩まされつづけてきた。六十六歳のときの腹部大動脈瘤の破裂は医師に身辺整理を勧められるほどの大患であったが、それによって漱石の修善寺の大患のように人生観を変えるほどのことがあったか。また一九九五年の、彼を支えつづけてきた澄子夫人の死は精神的にはもちろん、家事のできない大野には生活面でも大きな打撃であったことは想像に難くない。さらに週三回の腎臓透析も高齢の大野には負担になった。

しかし、彼はふしぎなほど衰えを見せなかった。透析をやりながら食欲も旺盛、会えばビールも飲んだし、「本格的江戸前の鮨を食べながら歓談したい」と書いてよこしたのは亡くなるちょうど一年と二日前のことであった。たぶん私の送った食のエッセイ「鮨——知るは不幸の始まりか」（のち『東西食卓異聞』所収）に刺激されて、その前年に回想インタビューのメンバーとご一緒した鮨屋を思い出したのであろう。そのときも、これを待っていたとばかりにまず大トロ、つづいておどり、赤身、ブリ、と淡白な白身にはなかなか行き着かなかった。こちらは年寄りくさく下ごしらえしたコノシロあたりからスタートしたというのに。

読書欲も依然盛んであった。書信には必ずといってよいほど最近読んだ本の名が記されてあり、私の未読のものも多かった。大野は新刊情報にもあかるく、いい本への嗅覚は最後まで落ちなかった。さきほど挙げた手紙では若桑みどり『クアトロ・ラガッチー』、渡辺清『砕かれた神』がよかったとあった。こういう読書情報交換といった書生っぽい習慣はもっと若い友人との間でもかなり早くに失われていたことで、彼は最後まで本の虫でありつづけたのだ。最晩年は白内障で本が読みづらくなっていたが、読書欲は衰えなかった。

細かい字の本や雑誌の記事は再婚した耿子《こうこ》夫人に読んでもらっていたが、「読んでほしいために『きみは声がいいからな』などと機嫌をとるのですよ、あの人が」と夫人は笑いながら眼を拭いた。最後の本は鳥居民の長大な『昭和二十年』であったという。この年はまさに大野が大学を卒業、大学院に進学した学者としての出発の年であり、同時にもちろんあの十五年戦争が終わりを告げた年であった。天皇制の命運をめぐる激動の記録であるこの本を生涯最後の読書対象としたことは、晩年のあくまでラディカルであることをやめなかった大野にいかにもふさわしい選択だったなと思う。

彼にとって本は原則として借りて読むものではなく、買って読むべきものであった。自由に書き込みができるのが理由の一つであったし、「社会科学の本は表紙から奥付まで読み通すものだ」という信念もあった。本はそれを必要な部分に分解してテキストとして利用するための装置にすぎないといった脱構築的な考えは彼のとるところではなかった。収入からするとほとんど無分別な本の買い方をし、あとには膨大な、質の高い蔵書が残った。

書物とともに彼が最後まで友としてきたのはクラシック音楽だった。長女のみどりがフォルテピアノの復元・製作・修復の分野で第一人者の山本宣夫の協力者となりウィーンと縁が深くなったのは、大野の晩年のベートーベンやシューベルトのピアノ音楽への深まりいく傾倒とどこかでつながっていたのであろうか。「物心がついたときから家中いつも音楽が流れていましたから」とみどりは語った。

ここでも彼は最後まで大野らしい「べんかん」ぶりを発揮して、死の一カ月前にベートーベンの「テンペスト」ソナタの第一楽章を（仕）上げるという驚嘆すべき精神力を見せた。私のもっているシフの全集版で八分四十七秒を要する、ラルゴとアレグロの美しさと烈しさの交錯するこの演劇的な楽章を、初老以後のピアニストである大野はどういう気持ちで弾ききったのだろうか。慢性腎炎、前立腺癌、甲状腺、胸部大動脈瘤――と満身創痍の八十二歳の大野のどこにそうした力が残されていたのであろうか。共和制への期待がたかまる半面、難聴が決定的となってハイリゲンシュタットの遺書を書いた一八〇二年の作であるこの曲に、晩年の大野の激越な想いが託されていたと見るのは深読みにすぎるであろうか。

二〇〇五年九月六日、大野英二は永眠した。病名は腎不全であったが、実際にはいくつもの病気と闘い抜いた果ての、眠るように穏やかな大往生であったと聞く。

遺言によって葬儀は遺族だけで行われ、そのあと長女みどりから藤沢の肥前栄一に電話で知らされた。肥前の知らせで翌日田主信生、宮永昌男と肥前、私の四人がお宅にうかがい、耿子夫人とみどりさんにお悔やみを申しあげた。

帰途四人で語らってゼミのOBを中心にご友人にも呼びかけ「大野英二先生を偲ぶ会」を立ち上げることにした。実行に際しては、いちばん若い肥前もすでに七十歳であったので、より若い卒業生の助けが必要であり、後藤俊明を中心に数人の実働部隊が編成される。翌二〇〇六年四月二十二日に京大会館で百人近くが集まって会がもたれ、献花、スライド上映、友人、学界関係の人びと、弟子たちのスピーチで故人を偲んだ。献花のときにはブレンデルの弾くシューベルト最後のピアノソナタのアンダンテが流された。

大野の墓は龍安寺の自宅から歩いて十分ばかり、妙心寺の塔頭聖澤院の庭を抜けた閑寂で明るい墓地にある。ちなみに静田均の墓があるのは、恩師河上肇の眠る法然院である。

墓碑銘――「勝ちに不思議の勝ちあり」

大野の没後五年ちかく経った二〇〇九年の暮に二人の教え子による一冊の訳書が出た。オットー・ヤイデルスの『ライン－ヴェストファーレン鉄工業における賃金支払い方法』（一九〇七年）がそれで、訳者は故大江暢博と肥前栄一。大江の遺志によって大野に捧げられている。

大江は肥前より五年あとの一九六二年に大野ゼミを卒業して富士製鐵（のち新日鐵）に入社し、労務畑を歩いてきた人で、あるとき学生時代から親しかった肥前に賃金問題を考える参考資料になにかドイツ語のいい文献はないかと相談し、肥前が示したのがこれであった。彼は全訳するよう薦め、励ましのため出来上がったら出版の世話をすると約束し、大江は幾度か訳稿を示したが、肥前は高いハードルを設けて容易に認めようとせず、じつに四十年を越える歳月が経過した。

晩年の大野も心配して「あいつにできるはずがない。無駄だからやめさせろ」といった意味のことを何人かの弟子に告げたらしい。しかし大江は意地を張りつづけ、翻訳の錬度を次第に高めてきた。まさかと高をくくっていた肥前も訳稿の水準の高さにようやく腰を上げ、数年前から本格的に手を入れる作業に着手していた。大野もいろいろ注文をつけ、死の三カ月前に大江が大野邸を訪ねたときには、不自由な身体で門の外まで送り、タクシーを待つ間も「お前は専門家ではない。いらざる註書きなど一切つけるな。正確に訳して、後は読む人に任せなさい」とこんこんと注意したという。これが大野の大江への「遺言」になった。

そして大野の没後二年五カ月で、大江も心臓病によって六十八歳で急逝し、完成は肥前に託された。できてみれば、A5横書き四一七ページに及ぶ訳業となり、大野の危惧にもかかわらず、大江があえてつけた六四ページもの訳注・解説は、私の見るところじつに行き届いたもので、さすが鉄鋼業の労務のプロの生涯を反映した力作と興味深い。心を打つ「恩返し」になった。

大江がこういうことを思いつき、彼の当初の予想をはるかに超えた大仕事に育ったのは、ゼミのアカデミックで熱っぽい気風を抜きにしては理解できないだろう。

彼の学生時代大学院生であった肥前はいわば師範代格で、ゼミとは別に大学北門前の名喫茶進々堂でローザ・ルクセンブルクの『ポーランドの産業的発展』のドイツ語版を有志のゼミ生に読んでいて、大江もそれに参加していた。南紀尾鷲の出身で豪放磊落、人懐っこい彼は、月末になると肥前の家庭教師先からの高級ウイスキーを目当てによく彼の下宿に襲来したらしい。そうした親密さから生まれた肥前の、当初の翻訳のできに浴びせかけた大野譲りの辛辣な評言が大江のやる気を刺激し、訳業成就の原動力になったのはいかにも熱い意地の張り合いが身上の大野ゼミらしい。これ以上の大野への墓碑銘はないかもしれない。

それにしても大野のどこが死後何年もたってこうした墓碑銘を書かせることになったのだろう。大野がなにをしたというのだろう。深いいきさつのあった肥前への献辞でなく、大野へのそれであったというのはどういうことだったのだろう。これまで見てきた大野は人間としてはともかく、教師としてはけっして上出来の部類には入らなかったのではないだろうか。

あらためて師弟関係の不思議を考えざるをえない。野村克也が座右の銘にしたことで有名になった松浦静山の箴言――「勝ちに不思議の勝ちあり。負けに不思議の負けなし」――を思わずにはいられない。師弟関係においても、うまくいかないときはすべてちゃんと理由があるが、うまくいったときはなぜ成功したかわからないことが多いのである。いよいよその意味を考えねばならなくなった。

# 終章　先生とは何であったか

「余計な部分」

ここで話は最初に帰る。

師弟関係のむつかしさ、微妙なあやを「勝ちに不思議の勝ちあり」といって済ますわけにもいかない。あらためて問い直すことになる。先生とはなにか。私にとって何であったか。

これまで書き綴ってきたのは自伝色の濃い師弟関係の物語である。これを書くことによって「先生とはなにか」という序章で出した宿題になにか答を出せればと願った。少なくとも答に近づくヒントを得られないかと期待した。

人間社会に先生というものがいて、ある貢献をしてきたことは事実なのだから、その意味ではわれわれは「先生」を必要としてきた。生きるための案内人という意味でなら、それは不可欠でさえあった。そのための制度化も進んだ。学校や塾がそうである。

しかし、われわれが「師弟」というとき、しばしばそれ以上のものを「先生」のなかに見ようとしてきたし、現に見てきた。夏目漱石の『こころ』の「先生」や森昌子の歌う「せんせい」、そして川上弘美『センセイの鞄』の「センセイ」はすべて単なるスクール・ティーチャーではない。中勘助の「せんせ」も、「二十四の瞳」の「せんせーい」もしかりである。みな生きるための手だてを教えるのとはちがった、いわば余計な部分で「先生」なのである。

## マエストロ型先生

この「余計な部分」に関わる先生は一通りではない。いくつかのタイプが思い浮かぶ。すでにふれた「メンター」（こころの師）型についてはのちほど述べる。

まず見たいのは「マスター」型――マエストロ型と言ったほうがぴったりするか――である。先生はやはりえらくなければならないからだ。「先生」とか「師匠」とふつう呼ばれるのは教師のほかは医師や芸術家といった、長くきびしい習得期間を必要とする職業の人であるが、なかでもその業に熟達した人が英語でいえばマスターで、mastery という派生語は熟達を示す。教師であれ医師であれ、卓越した存在をいう。

面白いのは、イタリア語の「マエストロ」やドイツ語の「マイスター」の方が、英語の「マスター」やフランス語の「メートル」よりは「巨匠」といった風合いや重み、知的スキルの達成と伝授役といった意味が鮮明に出ることで、これらの国ではいろいろの歴史的事情、たとえば職人ギルド（組合）のつよさといったことからこれらのジョブへの尊敬の念が際立ったものとなったのかもしれない。とにかく「親方」であるから、ケアテイカー（身元引受人）やカストディアン（保護者）の役割もあり、弟子は徒弟（apprentice）的性格が濃い。そこには「支配」と「服従」のニュアンスもある。伝統的師弟関係はまずこれであろう。

大野と私たちの関係は、まだ彼が若く巨匠といえるほどの存在ではなかったこともあって、親方＝徒弟的ではなかった。隔絶した力の差があるとも思わなかったし、就職で大野に頼る気もなかった（実際には世話になった）。日常的な接触でも、高飛車な物言いや有無を言わせぬ断定的な態度はしょっちゅうであったが、威張っているのではないから、不快感も抑圧感もなく、人から見れば両方相当に言いたいことを言っている状態ではなかったか。

例外があるとすれば、川本和良と大野の関係で、そこには、この親方＝徒弟的要素が入り込んでいたように見える。なにがそれを醸し出す原因になったかはわからないが、あきらかに支配と服従の非対称的な関係と、それに起因するいじめ状況があった。大野は自分の思想信条に反する封建的な権力者の立場に立っていることを認めたくはなかったはずで、それが内心の葛藤・いらだちとなり、いじめをさらに増幅させたのではないか。私より川本を評価していないようなことを口にしながら、就職の世話では彼を第一にしたのは、そうした徒弟的忠誠原理を優先させたと考えれば、理解しやすい。

しかし、大野は次第に巨匠への道を進む。ちがった立場からも一目置かれる存在となり、やがては京大経済学部を代表する数少ない、独自の風格をそなえたマエストロ的教授のひとりとなった。彼を崇拝する多くの若い学者が内外から集まるようになった。彼を菱山泉、あるいはすこし前になるが出口勇蔵とならべて「最後の帝国大学教授」と呼ぶ人びとは、彼らの誇り高きステイタス意識や頑迷さへの多少の揶揄も含みながらも、その巨匠性へのある敬意も込めていたのである。おそらく後藤俊明、杉原達らの世代からあとには大野はマエストロであったにちがいない。

マエストロと若い学者の間には支配・従属の契機を含まぬ、ずっとモダンで風通しのよい関係も存在する。杉原四郎と私との間柄がそうであった。杉原からは多くを学んだが、彼の示唆はいつもさりげない、こちらに精神的負担のかからないものであって、そのゆえに私はいっそう彼の学恩を身にしみて感じた。知り合って十年後杉原の学長補佐を引き受けたのはまったく平等な人間的な好意のやりとりであって、貸借というよりは未開人の間の「沈黙交易」に見られる互酬関係というか、自発的な贈り物の交換の感覚であった。

逆に上下関係がより鮮明である点では似ているが、親方＝徒弟関係とは異なる師弟関係に「教祖と信者」的結びつきがある。教祖的、教父的、あるいはカリスマ的といってよい指導者で、マスターとちがって必ずしもスキルの達人であることを条件とせず、その伝授に関わるのではなく、ときにはそれと独立した憑依的な力で若者を衝き動かし、影響を与えてゆく。心酔させ、帰依させるのである。吉川英治の『宮本武蔵』における武蔵と沢庵禅師、あるいは本阿弥光悦はそれであろう。技芸の伝授とカリスマ性が結びついた例は枚挙にいとまがない。われわれの時代の学生を心服させるカリスマ性の源泉といえばなんといっても教養の深さ、広さであった。専門ですぐれているのは当たり前であって、それを超えた何かがなければ敬意の対象にはならなかった。

## リーダー型先生

もう一つのタイプの師弟関係があって、大野と私や宮永、肥前ら初期の弟子との関係はこっちに近いかもしれない。

それは「リーダー＝フォロワー」型とでも言おうか。「リーダー」とここでいうのは、「仲間の長」タイプの先生である。マスターのようにスキルを伝授するのではなく、ともに磨いていこうというのであり、いわば兄貴分である。大学の文系の教師にそれが多いのは、師弟間のスキルの差が絶対的なものではなく、なだらかに、また計量しにくいものとして存在することと関連するのではないか。そこにあるのは真理を前に手を携えて探究しようという師の側の謙虚な姿勢で、大学に入った素質ある若者の心はそれにわし摑みされることになる。高校までは（旧制は別）そんなあしらいを受けることがないからだ。私たちが大野に惹きつけられたのもこの要素が大きかった。

イギリスのオーケストラでコンサートマスターのことをリーダーと呼ぶ（コンマスはアメリカのオケでの呼び方）のがまさにそれで、イギリスのオケの自発的な性格を表しているとともに、彼らがチームキャプテンというか、仲間の顔的な存在だった事実を示している。音楽づくりの共同作業の牽引役であるわけだ。それに対して指揮者は往々「マエストロ」と呼ばれる。

しかし、リーダーとフォロワーの境界が連続的であいまいであることは、他方ではライバル関係をつくりだすことにもなる。いつでも入れ替わりうるからだ。それは脅威であり、ときに嫉妬をも生む。それを多く意識するのは師の側であろう。追う方よりは追われる方がひたひたと付いてくる足音を気にするし、距離の感覚も摑める。かつては自分が追う立場だったことがあるかもしれない。

これは仕方がないし、ゆるされてよい感情である。結果的には高い「教育効果」を生むことにもなる。先生に嫉妬されるというのはすぐれた弟子の勲章ではないか。「勝ちに不思議の勝ちあり」の一つのかたちかもしれない。対抗意識の要素のまったくない、いわば人格的に欠点の少ない、身ぎれいなといってよい杉原四郎と大野のどちらが弟子を生み育てるのに適合した土壌をつくったかは一概には言えない。

メンターとは?

さてメンターである。これまで「こころの師」とか「導師」とかの訳語を充ててきた。

マエストロはすでに評価の定まったある価値を弟子に伝授し、リーダーはある価値に向って仲間でもある弟子を引っ張ってゆくのであるが、それにたいしてメンターは弟子に外側からなにかの価値を加えようというのでなく、弟子その人をいわば内側から変えようとする、いや変わるのを助けようとする。知識や能力が向上するのではなく、人間として変わろうとするのを手伝う、少なくともそうした方向へと揺すぶる。それは一種の化学変化であって、先生はそこでは触媒の役割を果たす。

触媒は化学反応にさいして、みずからは変化をせず、反応物質の変化を促進する物質である。白金のかけらに水素を吹き付けると発火して空気中の酸素に反応して水をつくるあの劇的な実験から誤解されやすいのだが、じつは化学反応を創り出すのではなく、自発的に進行しているものを促進するにすぎない。師弟関係に置き換えて言えば、弟子の側に素因（意志と素質）がなければ変化は生まれないというわけだ。

先生がいろいろであるように弟子もさまざまである。どうもこの世には先生を必要とする人としない人、もちたいと思う人と思わない人の、二種類の人間がいるのではないかという気がする。それは先生をもつ人ともたぬ人のちがいとも微妙に重なる。

私はこの本を書きながら、ほとんど会う人ごとに「あなたには先生と呼べるような人はいましたか」と訊ねてきた。何の留保もなくイエスと言う人はごく少なく、「先生が何かによるな」とためらいながらも「いた」と答える人は意外に少なくて、そのかなりは仕事の面で目標とする人、影響を受けた人を挙げた。つまり実際的な役割の、「余計でない部分」の先生を挙げた。「いなかった」という人の多さにおどろかされた。りっぱな学歴をもっている人でそうなのである。

私の物語は前二者、つまり先生を必要とし、もちたいと思い、そして幸か不幸かもってしまった人だけに縁のあるお話である。後者の人びとは変化を望まず、「触媒」の必要を感じず、自分が別人になったという感動を知らないままに一生を終える。不幸とは言わないが、「ソクラテスの幸福」、すなわち己を知り人を知る幸せは彼や彼女のものではなかった。

といっても、師を求める心があれば道は開けるというわけでもない。落語の「こんにゃく問答」で旅の学僧が住職に化けたこんにゃく屋にしたように、相手の所作を自分勝手に誤解して納得するのも一つの生き方だろうが、師弟関係は（恋愛に似ているところはあっても）恋愛ではないのだから、美しい錯覚や誤解で成り立っているといって済ませるわけにはいかない。なにか価値を高める方向性をもたねばなるまい。

弟子に器量があれば師の優劣は問題ではないという見方もある。たしかに優秀な教え子にとっては愚かな先生でも反面教師の役割を果たしてくれるものだ。しかし、それだけではない。どんな先生でもいいというわけではない。

化学変化に話をもどすと、触媒がちがえば得られるものがちがうばあいがある。同じ物質に複数の化学反応が起こりうるばあい、目的とする物質を選択的に得るためにちがった触媒を使うのである。同様に同じ弟子でも先生によってちがった変化がもたらされる。私は大野からと静田から、あるいは杉原、田中からとそれぞれまったく異質の刺激を受け、それぞれちがった面で成長を促されたように思う。

そうなると、やはり先生の質がものをいうのである。先生自身の質の良否では必ずしもない。弟子との合い性といってよいが、「イワシの頭も信心から」のたぐいの話ではない。その意味では、私の師弟観は「汎神論」的ではない。つまり、森羅万象、なにからでも人はその気になり、かつ素質があれば教えを引き出すことができるものだという考えを、私は限られた範囲でしかとらない。そのタイプではないからだろう。私は人格に形象化された「触媒」が必要なタイプの人間なのである。「一神教」型ではなく、「多神教」型といってよいかもしれない。

触媒自体の良否という序列付けは、教育については必ずしも関係しない。学問的にえらい先生が偉大な教師であるとは限らない。しかし、弟子の資質や目標によっては大いに関係するのである。えらい先生の周りには自然にいい若者が集まる。「学派」や「山脈」は伊達にできたのではない。

## 「ピュープル」としての私

くり返す。メンターというかたちの「余計な部分」とは、技芸の卓越や学殖の広大さではなく、人を引っ張っていける力でもなく、どれだけ人格の部分を変えられるかであった。

ではどう変えるのか。私にとってのメンターはまず誰よりも難波江通正であった。彼は私にない人間としての上質さ、なによりも自己犠牲の体現であった。それは真似のできない、「学ぶ」ことのできない美質であるのに、彼を知ったことで私は変わった――そういう人が身近にいて愛してくれたという、そのことだけで別人になった。彼は常に瞼の師であり、彼を想うと心が洗われた。

大野英二は難波江のような自己犠牲型のメンターではなかった。彼は弟子に乗り越えられる、あるいは乗り越えさせるための存在に甘んじるつもりなど毛頭なかった。いや乗り越えさせまいとする、ときに大人げない突っ張りさえあった。しかし、それが弟子の意地に点火して、意図せずして彼を育てる効果があったりもした。あるひたむきさがそれを可能にした。学問とは生易しいものではない、きれいごとですむ仕事ではないという思い込み、自己への徹底した忠実さがあった。「徹底は崇高である」と言ったのは誰であったか。

結果論でいうのではなく、大野と弟子の間には、おそらくそれに感応しての不思議な交感が流れもしていた。烈しい、ときに感情的なものも含む応酬のなかから、難波江や杉原のようなタイプのメンターにはないインスパイアし合う師弟のかたちが生まれていたように思う。ささやかであっても白金と水素ガスの出会いに似たスパークがあり、一種濃密な時間の塊があって、記憶のなかでドラマをかたちづくった。これが生半可な「いい先生」であれば私は惹きつけられなかったかもしれない。

また、おそらく私自身にも大野と同じ性格的な弱点が隠されていて、それを彼がさらけ出して見せたということで、おおっぴらに免罪されたような解放感もあった。そのときに不幸であったというのは若い思い込みで、じつはとんでもない幸せにめぐりあったのではないかと、いま思う。

大野が不帰の人となって以来、私は理由不明の欠落感に苦しめられてきたが、あるとき大野について書いていて突然その正体がわかった。叱ってくれる人がいなくなった寂寥感に堪えねばならぬという、そのことだ。逆にいうと、こんなことを言うと怒られるだろうなと意識する存在をもつ幸せを、それまでの私はもっと噛みしめるべきだった。ゼミの時代に味わった「神聖な恐怖の時間」を、いつか忘れてしまっていた。こわい人がいないことは、いくつになってもけっして幸せなことではない。大野はその意味ではりっぱにメンターであった。

さてそのメンターの弟子は英語ではなんと言えばよいのだろう。ここで第三章に出てきた藤田省三とのやりとりを思い出したい。「ピュープル」(pupil) という語がそれである。「児童」とか「被後見人」といった意味だ。「フォロワー」とか「アプレンティス」に比べて、幼さ、いとけなさのイメージが際立つ。メンターのもとになるギリシャ人メントルはテレマコスの後見人でもあった。藤田は師である丸山真男のなかにマエストロとともにメンターの要素を感じていて、自分を含む彼の弟子たちをどう表現すべきかを思いめぐらし、「偉大な丸山の児」――いまふうに言えば「丸山チルドレン」――という語にたどり着いたのではないか。

われわれが「メンター＝ピュープル」関係に見出すのは幼い者が伸びようとする「成長」のイメージと幼い者の長上への「あこがれ」のイメージである。

といっても、「アプレンティス」の、いつかは「マスター」になってやろうという意志も、フォロワーの隙あらばリーダーに取って代わろうといった欲望もない。かといって向上心が不足しているわけではない。ピュープルくんがけなげに頑張るのは、先生に認めて欲しいためにがんばるのである。先生を追い越すにしても先生が喜んでくれるから追い越すのである。私の大野への感情には、張り合うばかりではない、そうしたナイーブな、「ピュープル」の呼称にふさわしい殊勝な気持も潜んでいたことも、いかに忌々しくはあっても、認めないわけにはいかない。

大野はおそらくそれを知らなかった。知らぬままに亡くなった。

あいつは図々しい、心臓の強いやつで、オレの言うことを素直に聞かない、生意気で小面憎いやつだ、どうもオレよりえらいと思っているフシさえある、そのくせ思い出したようになつかしそうにのぞきにくる、妙なやつだ、といった認識から遠くはないままで永眠したかもしれない。私から見れば本質的にシャイな者同士の、非対称的なコミュニケーション状況が修正の機会のないままに終わったということになる。

いや、本当は大野にも通じていて、しかし彼の気性で口にしなかっただけのことかもしれない。それはついに知る由もないままであるが、それでよい。本書の最後に、私の側にこんな思いもあったのだという小さな花束を墓前にささげて、師弟関係の長い物語を終えよう。

# あとがき

楽屋噺で締め括ることになるのをおゆるしいただきたい。

この本は、すこし誇張していえば、ある編集者（Aとする）と私の合作である。いま死の床にある彼のこだわりがなければ、私にはとてもこんな「こわい」本は書けなかった。こうも畏れ多いというか、差し障りがいっぱいの本をあえて書こうという気になったとは思えない。

きっかけはこういうことであった。三年まえになるか、出たばかりの四方田犬彦『先生とわたし』を「おもしろいよ」とAに話したら、一読した彼はなんとお前の『先生とわたし』を書けと言い出したのである。

四方田の本は、彼が東大教養学部の学生時代の師である由良君美とのいきさつ――師弟間に流れる白熱した知的交流の至福の日々が一転して奇怪な絶交状態へと転落するにいたる――を綴ったものである。

Aは本書に登場する田中真晴の教え子であって、私より十歳以上若いが、大野英二と私の間に起こったこと――十年に及ぶ「破門」を含む――を知っていて、かねてから私になにか書かせたいと思っていたという。京大アカデミズムを舞台にした半世紀におよぶ学者師弟の人間劇は、編集者としてはもちろん、同じ時代の空気にとっぷり浸かってきた知的伴走者としてもぜひ読みたいと願ってきたのだという。

それはむりだ、とても書けない、と私は断った。大野とのいきさつを書くのであれば、きれいごとだけではすまない。美談や顕彰型の伝記というのなら書く意味がないし、逆に過去の確執を掘り返すのにも意味があるとは思えないし、気が進まない。それに彼を語るという行為は即私自身を語ることになるわけで、私には裸になれる覚悟がない。わが身の皮をはがすようなルソー的勇気はとてもじゃないが、ないのだよと。

自己の回想でも他人の伝記でも、かくれた事実の開示に対しては、欧米、とくにアングロサクソンの知識人に比べて、日本のインテリにはつよい心理的抵抗がある。あるとき静田均に、彼しか知らぬ総退陣の内幕話を聞かせてもらったとき、それをお書きになったらとすすめたら、「関係者がまだ存命なので」と、同意しなかった。また、ずっとあとになるが大野英二に、やはり京大でのある事件について、書くべきじゃないですかと言ったら「関係者がもう亡くなられたので書けないよ」と答えた。私はイギリスの伝記出版の伝統、アメリカのオーラル・ヒストリー熱を引き合いに出して、歴史家の義務、知識人の責任はどうなりますかと食い下がったが、大野は苦笑いして答えなかった。

静田はおそらく関係者がいなくなっても書かないだろうし、大野は関係者が健在であっても書こうとはしなかっただろう。秘密は墓場までという日本的文化は彼ら、とくに大野ほどの欧米的な教養人でも例外ではなかった。私自身、そうした心理とけっして無縁ではなかった。それを振り切るにはなにか書くに値する「テーマ」、切実ななにものかが存在しなければならなかった。

そもそもの話、大野と私のことを描くとすれば、それによってなにを語り、いかなるメッセージを発信しようというのか、人はそこからなにが学びとれるというのか、その明確なイメージが私には浮かんでこないのであった。

Aはひるまなかった。書きづらい葛藤があることは承知している。だから、実録・伝記としてよりはむしろ私小説的なフィクションとしてかたちを与えることはできまいかと思っていた。小説なのだから、どのようなイメージでも、メッセージでも、自由に登場人物に託すればいいのではないか、事実ではなく「真実」を捉えればいいのだ、というのが彼の主張である。

しかし、小説ということならなおさらむりだ。私にそんな人物造形の力量があるかどうかはしばらく措き、私小説ふうといっても、ふくらませる元の素材が乏しすぎる。日記もメモもとっていないし、手紙を整理保存する習慣もない。物故者もふえてきた。自分の記憶を頼りにどれだけのことが書けよう。

それに、私が四方田の本を読んだのは由良君美という強烈な個性に興味があったからだが、大野は彼のような劇的な役柄の「役者」とは言えないし、語り部としての私はどう見ても四方田の敵ではない。だれがそんなスターのいない、芸もない話を読んでくれるか――。

しかしAはあきらめず、事あるたびに話を蒸し返した。ぜったいにおまえならこれまでにないものが書けるし、書くべきだ。これは商売気を離れての提案なので、四方田の本と同じ文芸系の出版社から出すのがいいだろう、親交のある某に話をして実現させるからぜひ書け、とまで口にする。

そのうちに私の気持に変化が生まれる。理由はいくつかあった。

一つは師弟関係が、当初自覚していたよりはるかに大きな位置を自分のなかで占めていることに気づいたことである。自分が先生を必要とし、先生をもちたいと思い、もつことができる種族であり、それはだれにでも許されたしあわせではないのだということが、だんだんと自覚できるようになった。だとすれば、師弟関係が自分のアイデンティティのいかなる部分を構成してきたかを、あらためて考え直してみたいという気になった。それをつうじて師弟関係の意味を問うことにはそれだけの価値がありそうだと考え、まずは体験を整理し、自分のなかの「先生」を掘り起こしてみようと思った。

世間では人と人のつながりが全体として希薄になるなかで、師弟関係の位置はそれ以上に落ち込んでいるように見える。また、あたらしい時代への移り行きにつれて師弟像もどんどん変わっていて、それに対応するかのように師弟関係への関心はむしろ高まっているように見える。そうした探究の素材として、いささかレトロで原初的なわが体験こそ、問題を根元から考えさせる出発点になりうるかもしれない。あまりに個性的、スター的な由良君美・四方田犬彦の師弟よりはむしろ、妙な言い方だが、変わっているにしても「ふつうに変わっている」こちらのほうが問題を索出しやすい面をもつのではなかろうか、と。

書くことの意味を見出したもう一つの理由には、次のような事情もある。

私の念頭には東大と京大の経済学部の、ある気になる文化的相違があった。東大の大物教授たち――大内兵衛、宇野弘蔵、大河内一男、脇村義太郎ら――が競って回想録のたぐいを出しているのとは対照的に、京大経済学部は戦後ほとんど見るべき回想や自伝類に恵まれていない。河上肇の『自叙伝』は戦後に刊行され、人間の記録としても文学作品としてもぬきんでた存在感を示したものの、ほかには二、三の私家版かそれに準じるものを除けば、柴田敬『経済の法則を求めて——近代経済学の群像』や森嶋通夫『智にはたらけば角が立つ』を数えるのみである。どちらも純粋な回想録ではなく、また二人とも途中で京大を去った。

教授たちの伝記でも、東大の、江上照彦『河合栄治郎伝』や松井慎一郎『河合栄治郎』、矢内原伊作『矢内原忠雄伝』（未完）、石崎津義男『大塚久雄　人と学問』、楠井敏朗『大塚久雄論』などにたいして、京大には河上肇についてのいくつかの評伝を除いてはなにもないし、学部の歴史についても東大には竹内洋の『大学という病　東大紛擾と教授群像』があるが、京大にはそうしたものがない。書き手がいないのか、書かれるに値する人がいないのか。文人学者の伝統がつよく、いまもことあるたびに河上が担ぎ出されるのに、これはいささか不甲斐ないといってよい状況ではないか。

本書がそうした空白を埋めるのに適切な内容であるかは別として、自伝のかたちで師弟関係の物語をというスタイルは、少なくともセレンディップ王子の技に似た、思いもかけぬ補助線を引いた意味はあるかもしれない。こういう型破りな行き方のほうが、褒めていえば自由で独創的、悪くいえば個人主義的でバラバラ、唯我独尊教の京大らしいかもしれない。

執筆に踏み切った最後の、まったく個人的な理由はAの発病である。まだ六十代半ば、知的好奇心の火を燃やしつづけながら、間質性肺炎という難病で早すぎる死を迎えようとしている古い友人の願いであってみれば、彼の編集生活の掉尾を飾るにふさわしいか、心もとなくはあるけれど、この二人三脚、ナニワブシの私には断れる仕事ではなかった。私は一年という執筆期間を決め、それまではなんとしても生きるよう彼に慫慂《しょうよう》した。いま一年と四カ月。彼は酸素吸入をしながらがんばってくれている。

彼の最期に間に合わせたいという一念で私自身故障を抱えた身に鞭を入れてきたが、そのためには削らねばならないものがいくつかあった。出来事の社会的背景をまったくといってよいほど描いていないことがそれである（もっともこれはかなり意識してそうした面もある）。「年少のわが師たち」というサブ・テーマも入れたかったが、あきらめたのもそれである。熊沢誠の紹介を逸したのはとくに残念であった。甲南大学での七歳年少の同僚であった社会政策論の熊沢は、これまで紹介してきた先生方がいずれも主として「学者」の生き方の側面で影響を与えてくれたのに対して「思想家」として、また「生活人」として、私を深いところで揺すぶり、既成観念から身をはがすのを助けた。彼はまたあたらしい教養のあり方についても考え込ませた。

ことの性質上多くの関係者に事前に眼を通していただくことも考えないではなかったが、親しい友の最期に間に合わせたいという気持を優先させた。ほかの出版社を、という厚意にあえて乗らなかったのも、それに要する時間を考えたからである。

というわけで、本書に見出しうるさまざまな不備、不都合はすべてこの世を去ろうとする編集者のためという大義名分によって赦免されることになるであろう。Aの名は後藤郁夫。彼の編集者としての、また著者の友人としての最後の、かつ最大の手柄はそこにあったといえば、彼はくやしがってまだ死ねないと「早すぎる埋葬」を拒否しつづけてくれるかもしれない。

本書の制作に当って、次の三人の方に格別の配慮にあずかった。

ミネルヴァ書房編集部の堀川健太郎氏は、私のむりな頼みを容れて仕事をやりくりし、完成を急いでくださった。また「重苦しい本かと思っていたら、意外に軽妙でポップ」という彼の評言は、若い感性の当初の読者の言葉として私を力づけてくれた。

校正の深田和子さんは、限られた時間のなか、控え目なエンピツをとおしてでありながら、特筆すべき緻密さで多くの誤りから私を救ってくださった。

最後に、装丁の毛利一枝さんは、これで私とは三回目（一度は岩波で）のコラボレーションである。かわらぬ魅力的なデザインに感謝したい。

二〇一〇年五月十六日

高橋哲雄

# 人名索引

か　行

## さ　行



## た　行

## な　行

わ 行

《著者紹介》

高橋哲雄（たかはし・てつお）

1931年　神戸市に生まれる
1954年　京都大学経済学部卒業
専　攻　イギリス社会文化史
現　在　甲南大学・大阪商業大学名誉教授
著　書　『イギリス鉄鋼独占の研究』（ミネルヴァ書房），『産業論序説』（実教出版），『二つの大聖堂のある町』（筑摩書房），『ミステリーの社会学』（中公新書），『アイルランド歴史紀行』（筑摩書房），『イギリス歴史の旅』（朝日選書），『スコットランド　歴史を歩く』（岩波新書），『東西食卓異聞』（ミネルヴァ書房），『都市は〈博物館〉』（岩波書店），『本，註多きがゆえに尊からず』（ミネルヴァ書房）ほか

先生とはなにか
——京都大学師弟物語——

2010年6月30日　初版第1刷発行　　検印廃止

定価はカバーに
表示しています

著　者　高　橋　哲　雄
発行者　杉　田　啓　三
印刷者　藤　森　英　夫

発行所　株式会社ミネルヴァ書房
607-8494　京都市山科区日ノ岡堤谷町1
電話代表（075）581-5191番
振替口座　01020-0-8076番



亜細亜印刷・新生製本

ISBN978-4-623-05805-1
Printed in Japan

# 東西食卓異聞

高橋哲雄　著

四六判・上製・二二四頁
本体一八〇〇円

イギリス社会文化史家にして、名うての「食いしんぼ」が、溢れる好奇心と情感を全開に食と味と人生の諸相を綴る。

# 本、註多きがゆえに尊からず——私のサミング・アップ

高橋哲雄　著

四六判・上製・二九六頁
本体二五〇〇円

五十代にして〈註のない学芸書〉へ鮮やかな転身を遂げた著者の本領を示すエッセイ群。